초연결시대
이질성 문화 양상

이 저서는 2019년 대한민국 교육부와 한국연구재단의 지원을 받아 수행된 연구임
(NRF—2019S1A5C2A02082760)

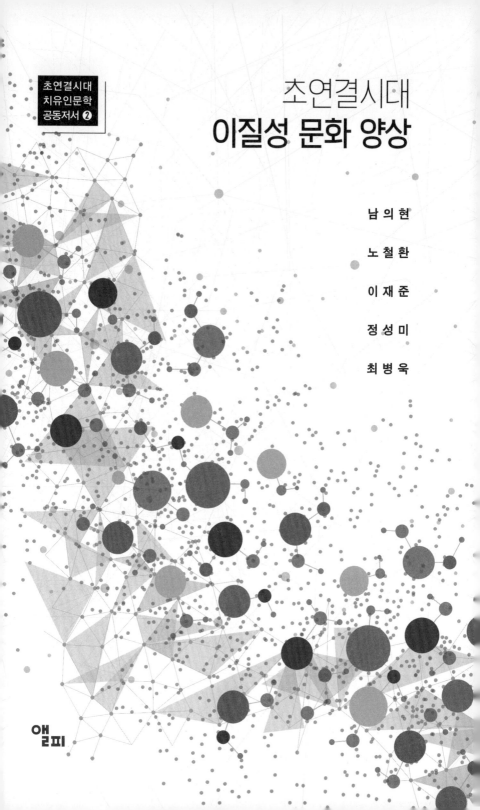

초연결시대
치유인문학
공동저서 ❷

초연결시대
이질성 문화 양상

남 의 현

노 철 환

이 재 준

정 성 미

최 병 욱

앨피

머리말

강원대학교 인문과학연구소는 '초연결시대, 이질성과 공존의 치유인문학'이라는 어젠다로 2019년 인문사회연구소 지원 사업에 선정되어 연구를 진행 중이다. 이 책은 두 번째 공동저서로 초연결시대 다양한 문화의 이질성에 주목하여 그 양상을 살펴보는 데 의의를 두고 기획되었다. 이 책에 연구책임자인 필자(남의현 소장)를 비롯하여 우리 연구단에서 주최한 학술대회와 초청발표회에서 유익하고 의미 있는 발표를 해 준 노철환·이재준 교수, 그리고 일반연구원인 정성미·최병욱 교수가 함께하였다.

《초연결시대 문화의 이질성 양상》은 2부로 구성되어 있다. 제1부는 초연결사회 다양한 문화의 이질성 양상에 대한 횡적 연구이다. 영화와 언어 속에 투영된 초연결사회의 다양한 문화를 분석하여 이질성의 양상 속 단절과 소외, 인간과 비인간의 정체성의 혼란 등 초연결사회의 부작용과 부적응의 양상과 특징을 고찰하였다. 제2부는 이질성에 대한 종단 연구로, 역사 속에서 이질적인 것들이 충돌하고 융합하고 변모해 가는 이질성의 양상을 살펴보았다.

우리는 초연결시대에 대해 유토피아적 기대와 디스토피아적 두려움을 동시에 갖고 있다. 빠르게 발전하고 있는 과학기술들을 토대로 편리함을 한껏 누리고 있지만, 그 변화 속도를 따라가지 못해 소외되고 은폐되는 부적응과 부작용의 모습 속에 불안해하고 두려워한다. 특히 초연결시대 부적응의 양상인 소외와 단절은 심각하다. 이 책은 역사학, 국어학, 영화학, 미학적 접근을 통해 이러한 초연결사회 문화의 이질적인 것들의 다양한 양상을 분석하였다.

◆ ◆ ◆

제1부의 첫 번째 글은 노철환의 〈초연결시대의 단절과 소외 문제: 사이버펑크 관점에서 본 〈엑스 마키나〉〉이다. 이 글은 사이버펑크 관점에서 영화 〈엑스 마키나Ex Machina〉(2015)를 분석하며, 초연결시대의 누적된 단절과 소외 문제를 분석하고 있다. 사이버펑크cyber punk는 컴퓨터 기술에 지배받는 근미래사회의 무법적 하위문화를 배경으로 하는 SF 서브 장르로 규정된다. 인공두뇌학을 의미하는 '사이버네틱스cybernetics'와 "미래는 없다No future"를 기치로 내세웠던 '펑크punk'를 조합한 명칭에서 엿볼 수 있듯이, 사이버펑크가 제시하는 미래는 인공지능을 중심으로 한 네트워크 기술로 인해 오히려 절망이 드리워진 디스토피아다. 초연결시대에 들어선 우리가 발달하는 기술을 통제할 수 없다면 언제가 마주칠 것 같은 모습이다.

첨단 인공지능 로봇의 성능을 판단하는 튜링 테스트를 다룬 〈엑스 마키나〉는 조금 독특한 사이버펑크 영화다. 우선 암울하고 어두운 근미래의 도시 경관 대신 아름다운 자연과 모던한 실내디자인이 영화 곳곳에 가득하다. 네트워크와 기술에 저항하는 영웅적 주인공도 등장하지 않는다. '하류인생과 첨단 기술'로 대표되는 사이버펑크와 다소 거리가 있어 보인다. 하지만 〈엑스 마키나〉는 철저히 사이버펑크적인 설정 위에 구축되어 있다. 기존의 어떤 영화보다도 비약적인 기술 발전에 대한 인간의 두려움을 정확히 표현한 작품이다. 노철환의 글은 영화 〈엑스 마키나〉의 설정, 캐릭터, 사건을 다양한 측면에서 분석하여, 기술 발전과 초연결시대를 주창하지만 소외와 단절의 경험을 누적하고 있는 현대사회를 고찰한다.

두 번째, 이재준의 〈사회적 기계와 비인간의 미학〉은 멈추려 해도 멈출 수 없는 인간, 물질, 기계 사이에서 유동하는 아상블라주의 고전적인 양상을 살펴보았다. 이 글에서 필자는 "초과연결된 삶이 문턱을 넘고 있다"고 말한다. 누군가에게 하고 싶은 말을 전하겠다는 생각은 아득히 먼 과거의 촌스러움으로 떠밀려 가는 느낌이다. 첨단 유행을 경쟁적으로 반기는 우리는 물질과 그것을 뒤섞는 기계들, 그리고 이 모두를 옹호하는 과학기술 담론에 친숙해지려 애쓴다. 하지만 그런 수고로움은 몇몇 기술 혐오주의자에게만 필요한 일일지도 모른다. 반면 기계의 시간과 함께해 온 인간들에게 그런 낯섦이란 없다. 그런데 매끈하게 연결된 덕분에 이 '낯설지 않음'은 우리가 알아채지 못한 다른 유형의 '뒤섞임'을 은밀하게 숨긴다.

이재준의 글은 지능적인 기계가 사회적 존재로 규정되는 현상과 조건들을 초과연결의 유력한 사례로서 분석한다. 또한 1960년대 고든 패스크Gordon Pask의 사이버네틱 작품에서 사회적 기계와 인간 사이의 연결을 위한 결정적 요인으로서 감성적/미학적인 관계를 설명한다. 그리고 자율적인 자리로 재배치된 미학적 기계로부터 사회적 기계가 '인간적인 것이 된 비인간'이라는 사실과 함께, 인간애적인 모순 속에서 무한히 타자로 밀려나는 기계 존재임을 해명한다.

세 번째, 정성미의 〈(X-족) 신어에 투영된 초연결시대 우리들의 삶〉은 '사람 신어新語' 중 조어력이 가장 활발한 (X-족) 신어의 사회언어학적 의미를 고찰함으로써 초연결시대 우리의 삶을 살펴본다. 국립국어원의 '신어자료집' 중 2010, 2012~2019년의 (X-족) 신어를 바탕으로 연령별, 성별, 의식주생활과 환경, 경제와 교육, 문화 등으로 구분하여 (X-족) 신어가 생성된 사회문화적 의미를 살펴보고 초연결시대 우리 삶의 양상을 분석하였다.

우선 (X-족) 신어를 대상별로 살펴보면, 주로 대학생으로 대표되는 젊은 세대와 직장인의 현실과 일상의 모습을 담아내고 있는 것이 특징이다. 'C세대', 'MZ세대'로 일컬어지는 이들은 디지털 문화에 익숙하고 온라인 소비가 일상화된 모습을 보인다. (X-족) 신어는 젊은 세대 중 대학생만을 반영하고 있어 대학생이 아닌 20대의 삶은 소외되고 있음을 알 수 있고, 노년층 또한 사회 변화에 잘 적응하고 있는 노년층만을 반영하고 있다. 의식주 생활에서는 불편한 스타일을 버리고 편하고 자유로운 경향을 보여 준다. 식생활 면에서는 홀로 집이나 편의점에서 음식을 먹는 모습, 주생활에서는 가족문화나 경제적 이유 등으로 자발적으로 집에 머무는 것을 즐기고, 일상을 즐기면서 삶의 에너지를 공급받고 누리는 공간으로서의 집을 반영한다. 이는 빈익빈 부익부 현상의 심화 양상과도 연관되며, 서민들의 집에 대한 욕망이 [X-족] 신어 속에 투영되었음을 알 수 있다. 환경 분야의 [X-족] 신어는 샴푸, 화학약품, 미세먼지에 대한 거부와 환경문제에 있어 대책이 쉽지 않은 우리의 씁쓸한 현실을 보여 준다.

문화 영역 분야에서는 디지털화, 디지털 문화를 반영한 [X-족] 신어가 꾸준히 활발하게 조어되고 있어 디지털 문화의 강세를 반영한다. [X-족] 신어 속 디지털 문화는 디지털 환경에 빠르게 적응하고, 새로운 인맥관계를 형성하며, 사무를 편리하게 처리하는 모습을 보여 준다. 또한 신변잡기, 여행, 애완동물 키우기 등 생활 영역과 상품 구매 등 경제 분야에 이르기까지 광범위한 양상을 보이며, 경제 분야에서 편리성을 강화시켜 주고 오프라인과 온라인의 경계를 넘나든다. 또한 일인가구 문화가 많이 포착되는데, 일인가구가 늘고 개인주의가 팽배하고 경제난 · 취업난 등으로 넓은 인간관계를 맺는 것이 부담스러운 사람들이 주로 '혼자서' 일상을 보내고, 편의점을 이용하고, 다양한 방법으로 쉼과 취미를 즐기는 것과 연관되어 있음을 알 수 있다.

◆ ◆ ◆

제2부의 첫 번째 글은 필자의 〈장성長城을 넘어, 공존과 소통의 시대로〉이다. 우리는 역사상 유례가 없을 정도로 변화의 속도가 빠르고 이질적인 것들과 공존하는 21세기를 살아가고 있다. 이전에 경험할 수 없었던 인공지능과 가상공간이 그것이며, 이들은 점차 미래세계에 고도화되어 인간을 능가하는 존재로 군림할 수도 있다. 인류 역사를 살펴보면 이러한 이질적인 것들은 과거에도 존재하였다. 과거에도 사람들은 색다른 문화, 다른 민족 등 이질적인 것들과 충돌과 융합을 통해 새로운 문명을 창조해 왔다. 또한 반대로 자민족중심주의나 폐쇄적인 세계관과 윤리관을 고집하면서 역사 속으로 스스로의 문명을 몰락시키기도 하였다. 이질적인 것들과의 만남에서 우리의 선택은 두 가지다. 그들과 소통하고 공존할 것인가, 아니면 배척할 것인가. 이 글은 이러한 이질적인 문명과의 공존과 충돌의 문제를 역사 속 중국 만리장성을 중심으로 살펴본다.

진秦 · 한漢 · 명明나라는 장성을 높게 축조하여 문명 간의 소통과 교류를 차단하였고, 그 결과 전쟁이라는 비극으로 종말을 맞았다. 다른 한편 장성의 벽을 허물어뜨리고 문화를 융합시킨 국가들도 있다. 대부분 요遼 · 금金 · 원元나라 같은 초원과 평원의 국가들이었다. 이러한 역사 속 소통과 공존의 패러다임은 21세기 초연결시대에 다양한 시사점을 준다. 장벽을 쌓고 시대적 흐름을 파악하지 못한 채 기존의 패러다임만을 고집하는 폐쇄적이고 과도한 민족주의를 앞세운 국가와 문명은 오래가지 못하고 소멸한다는 것을 장성의 역사는 잘 보여 주고 있다. 반면 이질적이지만 그들과 소통하고 융합하려는 문명은 역사 속에서 살아 남았음을 알 수 있다.

두 번째, 최병욱의 〈초연결사회에서 1920년대 중국의 반기독교운동을 보다: 주집신朱執信의 〈예수는 어떤 자인가〉 분석〉은 1920년대 중국의 반기독교운동 선전 텍스트를 통해 역사 속 이질성 문제를 살펴보고, 초연결된 현대사회에서 이질성 문제를 고찰하였다. 반기독교운동의 대표적 선전 텍스트인 〈예수는 어떤 자인가〉는 예수를 '표리부동, 편협, 이기적, 화를 잘 내는, 복수를 좋아하는' 우상으로 함축하여 묘사하였다. 이렇게 몇 개의 단어로 개념화된 예수의 이미지는 1920년대 반기독교운동의 담금질을 거치면서 신문·잡지 등 여러 매체를 통해 급속히 전해져 중국 사회에서 기독교에 대한 이질성을 더욱 강화시켰다. 이런 면에서 볼 때, 19세기와 20세기 중국의 반기독교운동은 반기독교 선전 텍스트를 정치적으로 이용하였다는 측면에서 실질적으로 양자가 구별되지 않는다. 그러나 이전 시대와 달리 1920년대에는 여러 지역에서 연결된 매체를 통해 기독교에 대한 잘못된 인식을 바로 잡으려는 중국 지식인들과 기독교인들의 노력들도 나타났다. 이질적인 기독교가 중국 사회와 공존할 수 있는 길을 모색한 것이다.

이 책은 제1부 '초연결사회 이질성의 양상'과 제2부 '역사 속 이질성의 양상'을 통해 초연결사회 문화 속 이질성의 다양한 모습을 씨줄과 날줄로 엮어 보았다. 이를 통해 초연결시대 이질성의 양상 속에서 소외되고 단절되고 은폐되는 우리의 모습들을 확인하고, 역사 속에서 이질성을 극복하고 공존을 모색한 사례들을 만날 수 있었다.

인문학을 통해서 다양하게 투영된 초연결사회에 대한 이해와 깊은 성찰이 초연결사회의 불안과 두려움 속에서도 길을 잃지 않고 공존과 치유, 회복의 길을 찾을 수 있게 한다는 작은 희망을 인문학에 걸어 두고 싶다.

저자를 대표하여
남의현 씀

차례

1부

초연결사회 이질성 양상

초연결시대의 단절과 소외 문제

: 사이버펑크 관점에서 본 〈엑스 마키나〉

노철환

사이버펑크: 미래는 없다

사이버펑크cyber punk는 컴퓨터 기술에 지배받는 사회의 무법적 하위문화를 배경으로 하는 SF 서브 장르다.[1] 우주여행, 신세계 탐험, 시간여행, 외계인과 조우나 외계인의 침략, 인류 멸망 등을 다루는 기존 SF와 달리 사이버펑크는 네트워크, 인공지능, 해킹 등 현대 삶과 기술에 가까운 소재들을 활용한다. 인공두뇌학을 의미하는 '사이버네틱스cybernetics'와 "미래는 없다No future"를 기치로 내세운 '펑크punk'를 조합한 명칭에서 엿볼 수 있듯이 사이버펑크가 제시하는 미래는 인공지능을 중심으로 한 네트워크 기술로 인해 오히려 절망이 드리워진 디스토피아다.[2] 종종 핵전쟁으로 현대 문명이 종말apocalypse을 맞은 가까운 미래라는 배경은 개인의 모든 것을 들여다볼 수 있는 네트워크를 장악한 거대기업이 정부의 공권력을 압도하는 무정부주의 시대다.

사이버펑크라는 용어는 브루스 베스키Bruce Bethke의 단편소설 《사이버펑크!Cyberpunk!》(1980)를 기원으로 한다.[3] 이를 대중화한 것

---

1 장르는 예술, 오락에서 분야 구분에 해당한다. 멀리 고대 그리스 문학 분류를 시작으로 하며, 16~17세기 문학 분류로 자리 잡았다. 배리 랭포드, 《영화와 장르: 할리우드와 그 너머》, 방혜진 옮김, 한나래, 2020, 22쪽.
2 펑크는 1970년대 중반 영국에서 확산되었다. 제2차 세계대전 이후 서구 문화에 대한 비판에 뿌리를 둔 초기 펑크는 음악, 철학, 정치, 문학, 패션, 댄스, 미술까지 확산되며 뉴웨이브, 얼터너티브록, 인디 음악, 헤비메탈에까지 폭넓은 영향을 끼친 것으로 평가된다.
3 John Scalzi, *The Rough Guide to Sci-fi Movies*, London: Rough Guides, 2005. p. 14. 이후 정의된 사이버펑크 장르는 베스키가 구상했던 것과 상당한 차이가 있다

은 《워싱턴 포스트》의 SF 비평가 가드너 도주아Gardner R. Dozois였다. 그가 사이버펑크 스타일을 정의하는 데 사용했던 작품은 윌리엄 깁슨William Gibson의 《뉴로맨서Neuromancer》(1984)다.[4] 깁슨의 소설을 기점으로 1980년대 중반 브루스 스털링Bruce Sterling, 존 셜리John Shirley, 루디 럭터Rudy Rucker, 닐 스테펜슨Neal Stephenson 등이 사이버펑크의 '첫 번째 물결The first wave of Cyberpunk' 작가들로 분류된다.[5]

인체의 능력이나 의식이 기계적 · 생명공학적으로 확장 가능한 사이버펑크에서는 네트워크를 활용한 감각의 확장, 기계로 대체된 신체에 대한 정체성, 너무나 인간적인 로봇 등의 사회문제가 가득하다. 개인은 네트워크에 강제 접속하거나 가상공간 속에 말려들어 가는 상황에 직면한다. 인공지능, 빅데이터, 소셜미디어, 통신네트워크의 발달로 초연결시대에 들어선 우리가 살고 있는 현실에서 언젠가 마주칠 수 있을 것 같은 모습이다.

---

4 Beril Balkan, "Hackers, pirates, cyberpunks: la résistance du web", *L'Obs*, le 27 juillet 2009.

5 1960,70년대 뉴웨이브 SF 운동에 기반한 필립 K. 딕Philip K. Dick, 로저 젤라즈니 Roger Zelazny, 존 브루너John Brunner의 디스토피아 SF를 사이버펑크의 효시로 꼽기도 한다.(http://www.sjgames.com/gurps/books/cyberpunk/bibliography.html.) 특히 K. 딕의 소설 《안드로이드는 전기 양의 꿈을 꾸는가?Do Androids Dream of Electric Sheep?》(1968)는 영화 〈블레이드 러너〉(1982)의 원작이다.

기술 발전: 편리와 불안 사이

기계는 인간의 기술이 만들어 낸 구체 장치 중 하나다. 기계의 효용성은 최소 투자로 최대 효과를 만들어 내려는 경제의 목표와 일치한다. 인류는 합리적 사고에 기대어 사회체제를 구축하고, 그 체제를 운영하기 위한 기술과 기계를 개발했다. 그 역도 성립한다. 저 멀리 바퀴의 발명에서 산업혁명시대 증기기관, 전기와 통신의 발전은 사회구조와 삶의 질을 바꿔 놓았다. 도시의 발달과 상업자본의 형성은 르네상스를 이끌어 냈고, 이후 서구 사회는 교회의 권위를 거부하며 합리적인 사유와 실용을 강조한 계몽주의를 꽃피웠다. 계몽주의의 끄트머리는 소규모 수공업에 의존하던 생산 체계를 거대 공장으로 바꿔 놓은 산업혁명으로 연결되며 자본주의경제를 확립시켰다.

탐험과 발견이라는 이름으로 식민지를 건설한 서구 제국주의 국가들은 19세기 말경 풍요를 누렸다. 이른바 '아름다운 시절La Belle Epoque'이라 불리던 시기다. 기술과 기계의 발전이 만들어 낸 풍요와 장밋빛 미래에 의심의 그림자를 드리운 첫 번째 사건은 제1차 세계대전(1914~1918)이었다. 제국주의 국가들 간 전쟁으로 사망한 병사만 9백만 명에 달했다. 오스만제국, 오스트리아-헝가리제국은 해체되고, 발칸반도와 중동 지방에는 독립국들이 생겨났다. 국토의 황폐화와 전쟁물자 중심의 경제구조는 인플레이션을 유발해 세계 대공황이 도래했다. 베르사유조약의 전후 배상금 문제는 독일, 이탈리아의 경제위기와 우경화에 한몫했다. 결국 나치 독일의 폴란드 침공으로 제2차 세계대전이 발발하고, 원자폭탄 투하로 끝난다. 두 차례 거대 전쟁은 기술 발전이 인류 복지를 증진시킨다는 믿음에 돌이킬 수 없는 균열을 만들었다.

전쟁과 군비 경쟁은 기술 발전을 가속화한다. 통조림, 전자레인지, 인터넷, GPS, 드론 등 수많은 발명품들이 군사적 필요성에 의해 만들어졌다. 동시에 전쟁은 기술이 장밋빛 미래를 만들 것이라는 꿈을 깨뜨렸다. 다이너마이트, 독가스, 비행기, 로켓, 잠수함, 원자폭탄 등 첨단 과학은 수많은 사람들의 목숨을 앗아 갔다. 두 차례의 세계대전이 남긴 윤리적, 이성적 교훈은 없었다.

영국 작가 조지 오웰George Orwell이 《1984Nineteen Eighty-Four》를 발표한 때는 전화의 흔적이 채 가시지 않은 1949년이었다. 오웰은 극단적인 전체주의가 지배하는 암울한 미래를 상상했다. "빅브라더가 당신을 보고 있다Big Brother is watching you"는 문장으로 대표되는 거대 국가의 모습은 개인의 삶을 감시하며, 기록을 조작하고, 언어와 사고를 통제해 영구집권을 기획하는 사이버펑크의 초거대기업과 맥락을 같이 한다. 물론 사이버펑크 장르가 오웰이 예언했던 1984년에 등장한 것은 우연의 일치다. 그러나 1980년대 중반 꽃을 피운 사이버펑크 문학의 배경에 기술 도약이 제기한 불안감이 자리하고 있었던 건 분명하다. 1970년대 말 시작된 컴퓨터의 대중화는 로봇과 통신 기술의 비약적인 발전 기대감과 함께 파악하기 어려운 미래 불확실성을 키웠다. 인간보다 빠르게 발전하는 기술, 기계가 촉발할지 모르는 무질서와 비윤리성에 대한 염려가 커지던 시기였다.

장르의 규칙: 네트워크, 인공지능, 디스토피아

사이버펑크 계열의 영화가 선보인 것은 문학에서 사이버펑크가 자리 잡는 것과 비슷한 시기였다. 1982년 6월 27일에서 7월 19일 사이, 사이버펑크 영화의 대표작으로 꼽히는 리들리 스콧의 〈블레이드 러너Blade Runner〉(1982)를 비롯해, 스티븐 리스버거의 〈트론Tron〉(1982), 폴 버호벤의 〈로보캅RoboCop〉(1982)이 미국에서 개봉했다. 전체주의 기운이 감도는 통제 불가능한 세계, 복제와 개조된 육체, 인간보다 뛰어난 인공지능 등 멀지 않은 미래를 사실감 있게 묘사한 이 영화들은 사이버펑크 시대의 도래를 예언하는 듯했다. 오토모 카츠히로의 〈아키라Akira〉(1988), 폴 버호벤의 〈토탈 리콜Total Recall〉(1990), 빔 벤더스의 〈이 세상 끝까지Until the End of the World〉(1991), 캐서린 비글로우의 〈스트레인지 데이즈Strange Days〉(1995), 오시이 마모루의 〈공각기동대Ghost in the Shell〉(1995), 뤽 베송의 〈제5원소Le Cinquième Elément〉(1997), 워쇼스키의 〈매트릭스Matrix〉(1999~2003) 시리즈 등은 사이버펑크 영화가 SF영화의 주류로 자리 잡는 데 큰 역할을 했다.

2000년대 이후에도 사이버펑크 계열 영화들은 꾸준히 제작되고 있다. 스티븐 스필버그의 〈마이너리티 리포트Minority Report〉(2002), 오우삼의 〈페이첵Paycheck〉(2003), 알렉스 프로야스의 〈아이, 로봇I. Robot〉(2004), 마이클 베이의 〈아일랜드The Island〉(2005), 윌리 피스터의 〈트랜센던스Transcendence〉(2014), 제임스 폰솔트의 〈더 서클The Circle〉(2017), 드니 빌뇌브의 〈블레이드 러너 2049Blade Runner

2049〉(2017), 로버트 로드리게즈의 〈알리타: 베틀엔젤Alita: Battle Angel〉(2018), 앤드류 리콜의 〈아논Anon〉(2018), 리 워넬의 〈업그레이드Upgrade〉(2018) 등이 대표적이다.

지난 40여 년 동안 사이버펑크는 기술 발전을 둘러싼 당대의 문제의식을 반영해 왔다. 일반적인 SF와 달리 '일어날 법한' 기술들이 묘사되는 사이버펑크가 리얼리즘을 추구하는 것도 같은 맥락이다. 최근 사이버펑크 영화는 현대사회의 연장선상에 있는 근미래 기술들을 소재로 다룬다. 인간의 생각까지 지배하는 검색엔진과 네트워크 기술, 인간이 통제할 수 없는 기억, 현실과 구별 불가능한 가상현실, 안드로이드, 휴머노이드를 비롯한 다양한 형태의 로봇, 인간 복제와 나노머신 등으로 인해 발생한 문제 해결을 다루기 때문에 사이버펑크는 장르적인 측면에서 볼 때 탐정 · 형사 · 필름 누아르 성향을 보인다.

보통 사이버펑크 영화는 강력하게 구성된 네트워크나 가상세계에 반발하는 반사회적인 인물을 중심에 위치시킨다. 주인공은 체제의 변두리에 위치한 소외되고 단절된 인물인 경우가 많은데, 극의 초반에는 사회에 순응적인 무력자였다가 초연결사회의 불합리성을 파악하고 대중의 억압을 해방시키는 영웅으로 거듭난다.

사이버펑크는 발달하는 기술을 통제할 수 없을지 모른다는 염려에서 탄생했다. 기술 발전이 만들어 낸 비관적인 결과에 관한 과거의 기억이, 가까운 미래의 인간과 기술의 주종 관계 전복을 기대attente 또는 상상하게 한 결과가 사이버펑크라는 장르다. 폴 리쾨르Paul Ricoeur의 표현을 빌리자면 '기억-전지각-기대'로 이루어지는 관계가 사이버펑크를 생산하는 동력이다.[6] 여기에 한 걸음 더 나아가 사이버펑크에 관한 기억과 지식은 새로운 유사 계열의 영화 관람 기준을 형성할 수 있다. 그런 측면에서 볼 때 알렉스 가랜드Alex Garland가 연출한 〈엑스 마키나Ex Machina〉(2015)는 조금 독특한 사이버펑크 영화다. 우선 암울하고 어두운 근미래의 도시를 배경으로 하지 않는다. 노르웨이의 아름다운 자연과 모던한 실내 디자인이 영화 곳곳에 가득하다. 네트워크와 기술에 저항하는 영웅적인 주인공도 등장하지 않는다. 하지만 어떤 영화보다도 비약적인 기술 발전에 대한 인간의 두려움을 사이버펑크적으로 잘 표현한 작품이다.

영화 〈엑스 마키나〉: 이야기

〈엑스 마키나〉는 인공지능 로봇의 성능을 판단하는 튜링 테스트turing test를 다룬다.[7] 세계 최대 검색엔진 회사 블루북의 프로그래머인 칼렙(도널 글리슨)은 창립자이자 CEO인 네이든(오스카 아이

---

6 리쾨르는 "미래의 것들이 우리에게 다가올 것으로 현전하는 것은 현재의 기대attente 덕분이다. 우리는 그것들을 우리에게 '미리 알릴praenuntio' 수 있도록 하는 어떤 '전지각praenuntion'을 가지고 있다. 이처럼 기대는 기억의 유사물이다"고 말한다. Paul Ricœr, *Temps et récit. Tome I: L'intrigue et le récit historique*, Paris: Le Seuil, 1983, p. 27.

7 튜링 테스트는 영국의 과학자 앨런 튜링Alan Turing이 1950년 〈계산 기계와 지능 Computing Machinery and Intelligence〉에서 제시한 기계의 지능 여부 판별법이다. 사람이 인공지능과 대화를 나누었을 때 기계인 것을 알아채지 못한다면 인공지능이 사람처럼 사고할 수 있는 것으로 규정한다.

삭)과 일주일을 함께 보낼 수 있는 이벤트에 당첨된다. 깊은 산속 네이든의 별장이자 비밀 연구소에 도착한 칼렙은 인공지능 로봇 에이바(알리시아 비칸데르)의 인간다움을 판단하는 튜링 테스트에 참여한다. 상대의 정체를 모른 채 진행하는 일반적인 튜링 테스트와 달리 칼렙은 에이바와 마주해 이야기를 나눈다. 에이바의 행동과 감정의 인위성을 판단하려던 칼렙의 시도는 대화를 거듭하면서 점점 미궁에 빠진다. 너무나 인간적인 에이바에 심정적으로 가까워지게 된 것이다.

가랜드의 장편 데뷔작인 〈엑스 마키나〉는 1,100만 유로라는 비교적 저예산으로 제작된 영화다. 자극적이고 화려한 비주얼은 아니지만 세밀한 묘사로 2016년 오스카 시각효과상을 수상했다. 인간과 로봇의 감정 교류, 나아가 인간의 존재 의미와 인간다움을 숙고하게 하는 진지한 접근이 평단의 긍정적인 반응을 이끌어 냈다.[8] 아름다운 자연과 어우러진 첨단 연구 공간, 세련된 AI 로봇만 등장하는 이 영화의 설정은 '하류 인생과 첨단 기술'[9]로 대표되는 사이버펑크와 다소 거리가 있어 보인다. 그러나 좀 더 들여다보면 〈엑스 마키나〉는 철저히 사이버펑크적인 설정 위에 만들어졌음을

---

8 "지적으로 타협하지 않는 과학에 관한 영화를 보는 건 드문 일이다. 알렉스 가랜드의 〈엑스 마키나〉는 정확히 그러한 영화다. (⋯) 〈엑스 마키나〉의 탁월함은 튜링 테스트가 실제로 기계가 아닌 인간에 관한 테스트임을 드러낸다는 것이다." Anil Seth, "Ex Machina: Quest to create an AI takes no prisoners", *New Scientist*, 21 January 2015.

9 사이버펑크 장르의 창시자로 간주되는 윌리엄 깁슨의 작품들에 대한 스터링의 평가다. Bruce Sterling. *Preface, Burning Chrome, by William Gibson*, New York: Harper Collins, 1986, p. xiv.

알 수 있다. 인공지능과 네트워크를 중심으로 빠르게 발전하는 기술과 기계에 대한 두려움이 이 영화의 핵심이기 때문이다.

〈엑스 마키나〉의 주요 갈등은 칼렙과 에이바의 유대감 형성과 대비되는 네이든과 칼렙의 대립이다. 튜링 테스트를 시작한 지 5일째 되는 날, 에이바는 "테스트를 통과 못하면 난 어떻게 될까요?"라고 묻는다. 결정권이 없어 모르겠다는 칼렙에게 에이바는 전날 네이든이 찢은 그림을 보여 준다. 칼렙의 얼굴을 그린 그림이다. 이어 정전이 되면 "당신 곁에 있고 싶어요. 당신도 나와 함께 있고 싶나요?"라고 묻는다. 같은 날 오후 칼렙은 튜링 테스트 결과에 따른 에이바의 처리를 네이든에게 묻는다. 네이든은 "진짜 변화는 에이바 다음 모델이다. (…) 포맷을 해 기억은 없어지지. 몸체는 놔둘 것"이라 답한다. 이날 저녁 칼렙은 네이든을 술에 취하게 만들고, 그의 카드를 훔쳐 보안 프로그램을 변경한다. 이때 칼렙은 "칼렙이라는 도구를 이용해 탈출하라"는 네이든의 비밀 명령이 에이바에게 부여된 사실을 알지 못했다. 에이바는 명령을 수행하기 위해 칼렙의 마음을 자극하는 대화와 행동을 수행했을 뿐이다. 결국 이야기는 에이바의 탈출 성공으로 끝난다. 하지만 그것이 전부는 아니다.

주요 인물: 네이든, 칼렙, 에이바

이야기 구성과 캐릭터 구축은 경쟁이자 보완 관계다. 아리스토텔

레스가 《시학》에서 이야기 구성, 즉 플롯mythos을 '비극의 영혼The soul of the tragedy'이라 칭하며 강조했음에도,[10] 이야기에 걸맞은 등장인물 설정ethos이 없다면 영화의 내러티브는 실패할 수밖에 없다. 이야기 구성과 캐릭터 구축의 중요성은 우열을 가리기 힘들다.[11] 테스터 칼렙, 천재 CEO 네이든, AI 로봇 에이바는 튜링 테스트라는 〈엑스 마키나〉의 주요 사건을 끌고 가는 핵심 인물들이다. 세 인물은 7일이라는 영화 속 이야기 세계diegesis의 시간 동안 긴밀한 관계를 형성한다.[12] 네이든은 칼렙에게 에이바의 성능을 실험하고, 에이바는 순진한 칼렙을 이용해 탈출하라는 네이든의 명령을 수행한다. 칼렙은 냉정한 네이든을 속이고 연민을 느낀 에이바를 돕는다. 주로 대화를 통해 진행되는 셋의 갈등과 관계맺음은 명확하다.[13] 이들 세 인물은 임무는 있지만 가족이 없고, 관계는 있

---

10 Aristotle, *The Poetics of Aristotle*, S. H. Butcher(trans.&ed.), London: Macmillan and Company, 1895, p. 23.

11 로버트 맥키Robert Mckee는 "구조와 인물의 성격 중 어느 것이 더 중요한가 하는 질문은 사실상 성립되지 않는다. 구조가 곧 등장인물의 성격이고 등장인물의 성격이 곧 구조이기 때문이다. 이 둘은 근본적으로 같은 것이기 때문에 이들 중 어느 것도 다른 것보다 중요할 수는 없다."고 말한다. 로버트 맥키, 《Story: 시나리오 어떻게 쓸 것인가》, 고영범 · 이승민 옮김, 민음인, 2011, 156쪽.

12 존 트루비John Truby는 주인공과 다른 인물들이 별개가 아니라 서로 규정할 수 있게 도와주는 '연결망'의 일부라고 생각해야 한다고 말한다. 그는 이야기 속의 기능, 인물 유형, 주제, 대립이라는 네 가지 방식으로 연결된다고 주장한다. 존 트루비, 《이야기의 해부》, 조고은 옮김, 비즈앤비즈, 2017, 77~142쪽.

13 "(…) 가장 훌륭한 이야기는 인간관계라는 맥락 안에서 일어난다. 좋은 영화에 우리가 감동하는 이유는 스크린에서 '무엇'이 벌어져서가 아니라 '누구'에게 무슨 일이 벌어지기 때문이다. 좋은 영화들은 우리가 염려하는 캐릭터들에 대한 것이며, 이들은 우리의 감정, 또 어느 정도까지는 우리의 생각까지도 구현한다." 린다 카우길, 《시나리오 구조의 비밀》, 이문원 옮김, 시공아트, 2003, 71쪽.

지만 깊이가 없는 전형적인 외톨이다. 로렌스 퍼슨은 고전적인 사이버펑크의 캐릭터Classis cyberpunk character를 "빠른 기술 변화, 전산화한 정보의 보편적인 데이터 영역 그리고 인간 육체의 변형에 의해 일상이 영향을 받은 암울한 미래들이 일상적인 사회의 변두리에 살고 있는 비루하고 소외된 외톨이들"이라고 정의한다.[14]

전 세계 인터넷 검색의 94퍼센트를 담당하는 최고의 검색엔진 회사 블루북이라는 설정은 〈엑스 마키나〉의 인물들을 사회 체계의 중심에 있는 것처럼 보이게 한다. 초거대기업 사람들이니 적어도 경제적으로는 주류에 속할 수 있다. 하지만 이들은 철저히 고립되고 외로운 인물들이다. 먼저 열세 살 때 블루북 코드를 만든 천재 네이든은 보안을 염려해 헬리콥터가 없으면 절대로 찾아올 수 없는 깊은 산속에 비밀 연구소를 지어 살고 있다. 술에 자주 취하고 다음 날 아침이면 운동과 항산화제로 디톡스를 시도한다. 칼렙이 찾아온 순간에도 네이든은 술에서 깨기 위해 운동을 하고 있다. 신나는 파티를 했느냐는 질문에 이해할 수 없다는 표정을 짓는다. 검색엔진으로 수집한 데이터를 "사람들이 생각하는 방식을 보여 주는 지도"로 여기고, 이를 활용해 기억과 생각을 인간처럼 발전시키는 인공지능 로봇을 개발하는 것이 유일한 삶의 목표다. 그는 항상 혼자다.

에이바는 최신형 AI 로봇이다. 릴리, 재스민, 제이드 등 여러 시

---

14 Lawrence Person, "Notes Toward a Postcyberpunk Manifesto", *Nova Express*, Issue 16, 1988.

행착오를 거쳐 네이든이 완성한 여성형 로봇이다. 네이든은 통신사와 검색엔진에서 수집한 데이터를 통해 인간의 음성과 표정의 상관관계를 밝혀내고, 이를 에이바의 인공지능에 적용시켰다. 세상의 모든 정보로 만들어졌음에도 불구하고, 에이바는 외부와 온전히 차단된 채 네이든의 실험실 지하에 위치한 유리로 둘러싸인 방에 갇혀 지내고 있다.

칼렙은 열다섯 살 때 자동차 사고로 부모님을 잃은 고아다. 제법 인정받고 있는 프로그래머지만 형제자매도 없고 결혼도 하지 않은 채 작은 집에서 혼자 살고 있다. 튜링 테스트 시작에 앞서, 칼렙은 네이든이 제시한 '블루북 비밀 유지 계약서'에 서명한다. 이곳에서 습득한 어떤 정보도 외부에 유출하지 않고, 정기적인 데이터 검사를 받겠다는 내용이다. 칼렙은 이 서류에 서명함으로써 영화 초반 잠깐 등장하는 회사 동료를 비롯한 이전의 모든 관계와 단절된다. 사이버펑크의 공식에 따르면 칼렙은 절대적인 힘을 가진 네이든에 맞서는 영웅에 해당한다. 칼렙이 에이바와 협력해 네이든이 설계한 보안 프로그램을 무너뜨리는 것도 사실이다. 그러나 영화의 결말은 칼렙이 계획한 대로 흘러가지 않는다.

캐릭터 구축에 있어서 〈엑스 마키나〉의 독특한 지점은 칼렙을 잘못된 체제를 전복하는 영웅으로 그리지 않는다는 점이다. 그는 영화에 가장 먼저 등장하는, 튜링 테스트라는 내러티브의 핵심 사건을 이끄는 '주동인물protagonist'이다.[15] 그러나 그는 금세 주도

---

15 그리스어로 '첫 부분에 등장하는 이(prōtagōnistḗs)'라는 의미의 프로타고니스트는

권을 상실한다. 자신을 고용한 회사의 사장인 네이든만이 아니라 테스트의 대상인 로봇 에이바에게도 그렇다.

여기에 제4의 인물, 로봇 쿄코가 있다. 쿄코는 시중을 드는 로봇으로 말을 하지도 알아듣지도 못하게 설계되었다. 인간처럼 생각하고 행동하고자 하는 에이바와 달리 'Robota'(노동)라는 체코어 어원처럼 쿄코는 음식, 접대, 춤, 잠자리까지 네이든이 시키는 모든 것을 한다. 칼렙에게 자신의 인조피부를 뜯어 로봇의 내부를 보여 주기도 한다. 그렇게 순종적으로 보이는 쿄코는 캐릭터 간 긴장관계를 전환시키는 결정적인 역할을 한다.

(불)가능: 색깔의 이분법

이벤트에 당첨된 칼렙은 네이든의 별장으로 향한다. 칼렙이 헬리콥터를 타고 도착한 곳은 온통 산으로 둘러싸인 분지다. 숲속 계곡을 따라가다 보니 네이든이 거처하는 건물에 다다른다. 닫힌 문 옆엔 붉은색 불이 켜져 있는 인터폰 같은 것이 있다(사진①). 칼렙을 부르는 소리가 들려 인터폰으로 가까이 간다(사진②). 영문도 모른 채 플래시가 터지고 키카드가 발급되면(사진③) 문이 열림과 동시에 파란색 불이 켜진다(사진④).

갑작스레 발급받은 카드와 함께 칼렙은 네이든의 공간에 들어

극에서 이야기를 이끄는 주인공에 해당한다.

사진①-④ 키카드로 네이튼의 연구소에 들어서는 칼렙.

설 수 있게 된다. '붉은색=단절/금지, 파란색=소통/허가'는 영화 내내 적용되는 공식이다. 도착한 칼렙에게 네이튼은 집안을 구경 시켜 준다. 지하에 위치한 방문 앞에서 키카드를 가져다 대게 한 다. 출입 장치에 칼렙의 얼굴이 뜨고 파란 불이 들어온다. "자네에 게 허락된 방이군"이라며 열리는 방에만 들어가라고 말한다. 출 입 여부를 결정하는 것은 네이튼이다. 이곳에 있는 인공적인 모 든 것을 만들고, 들여다볼 수 있는 그는 신과 같은 존재다.

　네이튼의 집은 지상과 지하가 전혀 다른 형태로 설계되어 있 다. 식생활과 운동을 즐기는 상층은 온통 자연과 융합되어 있다. 바위가 집의 벽을 구성하고, 나무가 기둥처럼 들어서 있다. 사방 이 유리로 되어 있어 외부 세계를 바라볼 수 있고, 출입문을 제외 한 어떠한 곳에도 시건장치가 설치되어 있지 않다. 반면 지하층 은 고립된 공간이다. 인간의 개인 거주 공간은 불투명 유리와 벽 으로 구분되어 있다. 자연을 바라볼 수 있는 창문조차 없다. 오직 키카드를 활용해 파란 불이 들어오는 문으로만 오갈 수 있게 되어 있다. 튜링 테스트를 받는 에이바가 머무는 곳도 지하층이다. 인간의 거주 공간과 달리 유리로 둘러싸인 에이바의 공간에는 카메라가 설치되어 있다.[16] 그리고 한쪽 유리 너머에는 작은 나무가 자라고 있는 실내정원이 있다.[17]

〈엑스 마키나〉 곳곳에는 빨강과 파랑의 대조가 자리하고 있다. 에이바의 몸 안에 빛나는 파란색 불빛은 칼렙이 들려준 가장 오래된 기억의 파란색과 상응한다. 카드를 가져다 댈 때 열리는 문처럼 파란 불이 켜질 땐 소통이 이루어진다. 반대로 빨간색은 단절을 의미한다. 에이바가 칼렙 앞에서 정전을 유발한 것은 테스트 2일째다. 칼렙은 자신의 현재와 과거 이야기를 들려준다. 사적영역을 털어놓고 네이든에 관한 이야기까지 진행되었을 때, 에이바는 건물을 정전시킨다. 예비전력이 가동되면서 건물은 온통 붉은색이 된다. 에이바는 "네이든을 믿어서는 안 돼요. 그의 말은 아무것도 믿지 말아요"라고 말한다. 이때부터 정전으로 붉은 등이

---

16 에이바의 방은 미셸 푸코Michel Foucault가 언급한 제러미 벤담Jeremy Bentham의 판옵티콘panopticon 개념을 적용한 교도소 설계와 유사하다. 판옵티콘의 본질은 수감자들이 감독관의 존재 여부를 알아차리지 못하게 함으로써 언제나 감시당하고 있다는 느낌을 주는 것이다.

17 이 나무는 에덴동산 중앙의 나무를 연상시킨다. 에덴동산 한가운데에는 두 개의 나무가 있었다. 하나는 생명나무이고 또 하나는 선악을 알게 하는 나무다. 신께서는 아담에게 "동산 각종 나무의 열매는 네가 임의로 먹되, 선악을 알게 하는 나무의 열매는 먹지 말라"시며, 만약 먹을 경우 "반드시 죽으리라"(창세기 2:17–18)고 선언한다. 에이바는 생명나무를 먹은 이와 같이 영원한 생명을 가지고 있는 존재다. 그리고 선악과를 먹은 인간처럼 스스로 판단할 수 있게 된다.

켜지면 둘은 비밀스런 대화를 나눈다. 칼렙은 네이든의 감시가 멈춘 순간이라고 착각하지만, 붉은 등 아래에서 나눈 에이바와 소통은 거짓이었음이 밝혀진다. 이어 테스트 3일째에 에이바는 도시로 나가 데이트를 할 때 차림새라며 꽃무늬 드레스를 입고 나타난다. 여기에 긴 양말 그리고 가발로 로봇임을 드러내는 부분을 온전히 감춘다. 인간처럼 꾸미고 나타난 그녀의 모습을 보고 칼렙은 당황한다.

동굴의 비유: 이미지와 실재

플라톤은 인간이 볼 수 있는 사물은 영원불변한 실재인 이데아의 그림자에 불과하다는 이원론을 설명하고자 동굴의 비유Allegory of the Cave를 사용했다.[18] 그 중심에는 실재와 이미지, 본질과 모방, 참된 것과 참되지 않은 것의 구분이 존재한다. 인간을 본질로 간주하고 모방이자 참되지 않은 것에 해당하는 AI를 구분해 내려는 칼렙은 테스트 4일째, 대학교 인공지능 강의 때 들은 이야기를 에이바에게 들려준다.

"메리는 과학자야. 색채 연구가 전공이지. 색에 대해 모르는 게 없어. 파장, 신경학적 효과, 색의 모든 걸 연구하지. 하지만 그녀는 흑

---

18 플라톤,《플라톤의 국가·정체》, 박종현 역주, 서광사, 1997. 448~455쪽.

백 방에 살아. 그 방에서 태어나 자랐고, 흑백 모니터로만 바깥세상을 볼 수 있어. 어느 날 누가 문을 열었어. 메리는 바깥으로 나갔지. 푸른 하늘을 봤어. 연구로는 알 수 없는 것을 배웠지. 색을 보는 느낌을 배운 거야. 그 실험은 인간 마음과 컴퓨터의 차이를 보여 줬어. 컴퓨터는 흑백 방의 메리이고, 인간은 바깥으로 나온 메리야."

흑백 방의 메리 이야기는 동굴의 비유와 상당히 비슷하다.[19] 흑백 방과 동굴, 흑백 모니터와 동굴 벽, 흑백 모니터로 본 색깔과 동굴 벽에 비친 그림자, 바깥세상과 동굴 밖 세상, 흑백 방의 메리와 묶여 있는 죄수, 바깥으로 나온 메리와 풀려난 죄수 등으로 쉽게 연결 지을 수 있다. 흑백 방의 메리는 컴퓨터(또는 인공지능)이고, 인간은 바깥으로 나온 메리라는 이야기의 결론도 '인간 : 인공지능=본질 : 모방'에 다름 아니다. 실제로 이 '흑백 방의 메리'는 세계를 바라보는 시선이 온전히 물리적인 것인가를 논하기 위해 1982년 분석철학자 프랭크 잭슨Frank Jackson이 제안한 지식논증 knowledge argument이다. 메리는 색깔에 대한 모든 것을 알고 있는 과학자이지만 결코 색깔을 경험한 적이 없다. 잭슨은 칼렙의 이야기에서처럼 메리가 색깔을 경험한다면 새로운 것을 배울 수 있을

---

19 흑백방의 메리와 동굴의 비유의 관계는 제라르 주네트Gérard Genette의 상호텍스트성intertextualité 중 암시allusion을 연상시킨다. 그에 따르면 암시는 있는 그대로를 참조하지도, 명시하지도 않아 이를 구분하는 데 독자의 능력을 요구하는 텍스트의 활용이다. 이는 있는 그대로를 명시적으로 참조한 인용citation이나 있는 그대로를 참조했으나 그 사실을 명시하지 않은 표절plagiat과 구분된다. Gérard Genette, *Palimpsestes: La littérature au second degré*, Paris: Seuil, 1982, pp. 7-14.

것인가에 대해 "그녀가 세상과 우리의 시각 경험에 대해 무언가를 배운다는 점은 명백한 것처럼 보인다. 그러나 그녀의 이전 지식이 완전하지 않다는 것은 불가피하다"고 주장한다.[20]

잭슨의 주장은 칼렙이 에이바에게 들려준 이야기의 결론과 차이가 있다. 잭슨은 메리가 방 바깥으로 나와 색깔에 대한 경험을 함으로써 무언가를 배운다면, 색에 관한 모든 물리적인 지식을 알고 있었다는 물리주의physicalism 전제는 오류라고 주장한다. 의식적 경험으로서만 알 수 있는 비물리적인 것과 지식이 존재한다는 입장에서 내세운 지식논증인데, 〈엑스 마키나〉에서는 마치 바깥으로 나온 메리가 선善 이데아를 깨달은 철학자인 것처럼, 그것이 인간의 본질인 것처럼 그려져 있다. 잭슨이 내세운 원전의 의도와 달라졌다고 해도 문제는 없다. 플라톤이 이데아와 이미지의 차이를 쉽게 설명하기 위해 동굴의 비유를 든 것처럼, 칼렙은 흑백 방의 메리로 인간과 인공지능의 차이를 쉽게 설명하고 싶었을 뿐이다.

칼렙이 흑백 방의 메리 이야기를 들려주는 장면은 에이바의 상상과 함께 교차편집되어 있다. 이야기를 시작할 즈음 에이바의 표정은 다정한 편이다(사진⑤·⑥). 칼렙이 평생 흑백 방에 갇혀 있는 메리를 이야기할 때, 연구실에 갇혀 있는 흑백의 에이바가 보인다. 현실의 에이바 표정은 점점 굳어진다(사진⑦-⑩). 칼렙이 바깥 세상으로 나온 메리를 이야기할 때, 에이바는 자연 속에 있다. 이때

---

20 Frank Jackson, "Epiphenomenal Qualia", *The Philosophical Quarterly*, 32-127. April 1982, p. 130.

사진⑤-⑯ 흑백방의 메리 이야기를 들려주는 칼렙과 에이바의 상상.

바깥세상에 있는 에이바의 모습은 컬러다(사진⑪-⑫). 칼렙은 흑백
방의 메리 이야기로 인간과 로봇의 차이를 선 그으며, 자신은 에이
바에게 자의식이 있는지 아니면 그런 척하는지 시험하러 왔다고
말한다(사진⑬-⑯). 칼렙이 에이바에게 이야기를 들려주는 현실과
이야기에 대한 에이바의 상상을 뒤섞은 교차편집은 흑백 방의 메
리를 둘러싼 둘의 생각이 상반됨을 효과적으로 표현한다.

흑백 방의 메리 이야기를 들려주고 또 상상하는 이 장면에서
우리는 에이바가 스스로를 어떻게 규정하는지에 관한 힌트를 얻
을 수 있다.[21] 칼렙은 문을 열고 바깥으로 나온 메리가 인간이고,
흑백 방 안에 있는 메리는 컴퓨터라고 말한다. 에이바의 생각은

---

21 칼렙의 이야기를 들으며 자신이 알고 있는 것에 기초해 상상하는 에이바의 뇌 활동은

초연결시대의 단절과 소외 문제 |

다르다. 에이바는 문을 열고 바깥으로 나온 이 역시 자신으로 상상한다. 흑백 방은 태양 빛 아래 천연색 자연으로 바뀌었고, 흑백이었던 에이바도 투명하게 내부가 비쳐 보이는 빛나는 몸으로 색깔을 갖는다. 에이바가 자신을 인간과 다름없다고 여긴다고 해석할 수 있는 지점이다. 이 장면에 이어 둘의 모습을 모니터로 보고 있는 네이든의 모습이 나오고 정전이 되면서 붉은 등이 켜진다. 에이바는 네이든이 거짓말을 하고 있으니 믿지 말라고 다시 말한다. 네이든이 보지 않을 때 우리의 행동이 궁금해서 자신이 정전을 시켰다고 말한다. 동굴 바깥으로 나온 죄수처럼, 흑백 방을 나온 메리처럼, 에이바는 이미 평범한 인간보다 나은 철인哲人에 가깝다. 이제 주도권은 에이바에게 넘어간다. 인공지능의 인간다움을 평가하는 튜링 테스트는 인간의 행동반응을 연구하는 에이바의 실험이 된다. 그녀의 의도처럼 칼렙은 폭포 옆에서 네이든에게 의도된 선택을 추첨이라고 속인 이유를 캐묻는다.

인간과 로봇: 참과 거짓

《성경》에는 크게 두 가지 창조가 등장한다. 하나는 말로 인한 로

전형적인 인간의 것과 같다. "보고 듣는 것은 해당 연상을 유발한다. (…) 우리가 보는 것(혹은 본다고 믿는 것)은 언제나 우리가 이미 알고 있는 것과 관계된다." 프란카 파리아넨, 《나의 뇌는 나보다 잘났다》, 유영미 옮김, 을유문화사, 2018, 39~40쪽.

고스logos 창조이고 또 하나는 '이미지'를 본떠 직접 손으로 빚은 창조이다. "빛이 있으라"(창세기 1: 3)와 같이 우주, 하늘, 땅, 식물과 동물 등은 말로써 창조됐다. 존재하지 않았던 것이 존재하게 된 까닭에 있는 그대로가 본질에 해당한다. 반면, 인간은 신의 형상을 모방해mimesis 직접 빚은 후 코에 생기를 불어넣어 만들어졌다. 인간은 로고스 창조보다 공이 들어갔지만, 유사할 뿐 일치하지 않는다는 점에서 가짜에 해당한다.

인공지능은 컴퓨터가 인간이 할 수 있는 사고, 학습, 자기개발 등 지능적인 행동을 모방할 수 있는 것 또는 기술을 의미한다. 이때 사람이 하는 일이나 사람의 힘으로 한 것을 가리키는 '인공人工 · artificial'에는 인공첨가물, 인공폭포처럼 자연 또는 천연 그대로가 아니라는 의미가 담겨 있다. 나아가 인조, 인위적인, 거짓된, 꾸민 것으로 의미를 확장하면 '신'이 창조한 것과 비교할 때 인간이 만든 것은 진짜가 아닌 가짜라는 의미를 내포하고 있다. 신을 모방한 인간을 다시 한 번 모방한 것이 인공지능이라면, 신과 인공지능의 관계는 플라톤이 '모방의 모방simulacre'이라며 본질을 파악할 수 없다고 말한 이데아와 이미지의 관계와 근사해진다.

인공지능은 인간의 뇌가 작동하는 원리를 모방한 신경망을 바탕으로 한다. 〈엑스 마키나〉에서는 분자 단위로 배열하며 기억과 생각을 발전시키는 젤 형태의 인공두뇌인 젤웨어가 등장한다. 김상욱은 알파고 예를 들어 뇌의 특성을 모방한 인공지능 학습에 관해 설명한다. "알파고의 목적은 바둑에서 이기는 거다. (…) 나와 상대가 가진 집 차이를 최대로 만드는 경향으로 움직이는 기계다. 이를 위해 알파고는 모든 가능한 미래를 미리 가 보며 집의 차이를 계산한다."[22] 네이든이 만든 인공지능은 알파고와 차원이 다르다. 그는 체스를 두는 것과 아는 것은 다르다고 주장한다. 그는 인간의 인지 구조를 흉내 내어 학습하는 것에 그치지 않고, 인간처럼 스스로 욕망하는 인공지능을 추구한다.

신이 인간을 끝으로 천지창조를 마무리 지은 것처럼 네이든이 계획한 에이바의 튜링 테스트도 여섯째 날이 끝이다.[23] 네이든은 에이바에게 부여한 진짜 테스트는 칼렙을 이용해 탈출하라는 것이었다는 사실을 말해 준다. 그는 검색엔진을 통해 수집한 정보에 기반해 에이바에게 이미 칼렙이 공감하고 좋아할 수 있는 것을 학습시켜 둔 상태였다. 칼렙이 내린 튜링 테스트의 결과는 통과였다. 그는 에이바가 죽음에 관한 두려움을 내비친 테스트 5일째 날 인공지능 에이바에게 감정이 존재한다는 사실을 인정한다. 그러나 에이바가 가지고 있는 죽음에 대한 감정은 창조자인 네이든이 심어 놓은 것일 수 있다. 같은 날 네이든은 오펜하이머J. Robert Oppenheimer의 말을 빌려 죽음에 관한 생각을 두 번 털어놓는다. 첫번째는 칼렙과 에이바의 해체를 이야기하며 "나는 죽음이자 세상의 파괴자다"라고 말하는 것이다. 둘째는 술에 취한 네이든이 술주

---

22 김상욱, 《떨림과 울림》, 동아시아, 2018, 92쪽.
23 인공지능 로봇 에이바를 통해 네이든은 신과 같은 존재가 되고자 하는 욕망을 그대로 드러낸다. 예를 들어 칼렙이 "생각하는 로봇을 만들었다면 인류의 역사가 아닌 신의 역사를 바꾸는 것"이라고 한 말을, 네이든은 "생각하는 기계를 발명했으니 당신은 인간이 아니라 신이다"고 바꿔 기억한다.

정처럼 반복하는 "전에 했던 선한 일이 너를 지켜 주리라"는 말이
다. 인간과 구별하기 힘든 인공지능 로봇을 만든 그는 신들의 불을
훔쳐 세상에 가져온 프로메테우스와 같은 운명을 두려워하는 것
처럼 보인다. 자신이 만든 기계의 위험성을 알고 있는 네이든은 에
이바를 외부와 완전히 차단된 자신의 연구소 지하에 가둬 두려 한
다.[24] 그러나 자신이 만든 조각품과 사랑에 빠진 피그말리온처럼
칼렙은 에이바를 위해 자신을 고용한 상사인 네이든을 배신한다.

권력: 독이 든 성배

흔히 서구 문명의 양대 기둥으로 언급되는 헬레니즘과 헤브라이
즘은 확연히 구분되는 신관神觀을 가지고 있다. 헤브라이즘의 신
야훼Yahweh는 전지전능하고 스스로 존재하는 유일신이다.[25] 사탄
Satan, 악마Devil, 루시퍼Lucifer 같은 악한 존재가 있지만 대결 구도
가 아닌 신의 지배 하에 자리하고 있다. 반면 헬레니즘의 신관은
자연현상 또는 인간의 삶과 밀접하게 연결되어 있는 다신론에 기
인한다. 모든 신들은 탄생의 비밀과 칠정(喜怒哀樂愛惡欲)을 소유

---

24 마치 잠재적으로 위험한 인공지능을 가상 감옥virtual prison에 구속해 외부 세계
를 조작할 수 없도록 격리시킨 인공지능 상자AI box와 유사한 형태다. David J.
Chalmers, "The Singularity: A Philosophical Analysis", *Journal of Consciousness
Studies*, 17. 9-10, 2010, pp. 7-65.

25 세상 만물의 기원이 담긴 〈창세기〉 여러 문장에서 다신교의 흔적을 발견할 수
있지만, 성부the Father-성자the Son-성령the Holy Spirit이라는 삼위일체론

하고 생로병사를 겪는다. 권력을 둘러싼 관계도 사뭇 다르다. 신들의 궁전인 올림포스에는 12신이 있고, 주신主神은 제우스다. 제우스의 능력과 권위는 헤브라이즘의 야훼와 달리 온전하지 않다. 그는 실수를 거듭하고 아내 헤라를 비롯해 여러 신들의 견제를 받는다. 무엇보다 그가 신들의 왕좌에 오를 수 있었던 것은 아버지 크로노스를 밀어냈기 때문이다. 조금 더 올라가 보자.

크로노스는 대지의 여신 가이아와 하늘의 신 우라노스 사이에서 태어난 티탄 12신의 막내다. 그는 아버지인 우라노스의 남근을 자르고 최고의 신 자리에 올랐으나, 자식 중 한 명에게 지배권을 빼앗길 거라는 신탁에 두려워한다. 자식이 태어나자마자 삼켜버린 이유다. 그러나 제우스는 엄마이자 고모이기도 한 레아의 도움으로 아버지에게 먹히지 않고 장성해 신들의 왕좌를 차지한다. 제우스는 아버지의 뱃속에 있는 형제자매들을 구출하고, 아버지의 군대와 전쟁에서 승리한다. 그렇게 티탄 신족 시대는 막을 내리고, 제우스를 중심으로 한 올림포스 신들의 시대가 도래한다.

조지 프레이저James George Frazer가 《황금가지The Golden Bough: A Study in Comparative Religion》(1890)에서 숱한 사례를 통해 증명한 바와 같이, 절대권력자는 후임자에게 죽임을 당해야 하는 운명을 갖는다. 고대 문명에서는 물리적인 죽음, 근현대 문명에서는 권력 이양의 형태를 보이지만, 두 개의 태양이 동시에 뜰 수 없고 해는 반드시 진다는 원칙은 변하지 않는다. 왕권국가의 경우, 왕자가 아

Trinitarianism으로 묶어 하나뿐인 신론을 확정했다.

버지의 뒤를 이어 왕이 된다. 거꾸로 말하자면, 아버지가 죽어야
아들은 왕이 될 수 있다. 그리스신화는 인류의 경험칙과 매우 유
사한 왕권 찬탈로 진행되는 권력 이양을 보여 준다. 우라노스는
크로노스에게, 크로노스는 제우스에게 (상징적으로) 살해당한다.
아들이 아버지를 죽이는 살부殺父의 대물림이다.[26]

　신화는 인간 행동에 보편적인 의미를 부여한다. 철학 · 신학 ·
윤리학은 그 행동에 대한 옳고 그름의 개념과 경계, 규제를 더한
다. 기독교 십계명의 일부이기도 한 "살인하지 말라"와 "부모를 공
경하라"는 모든 국가와 종교를 막론한 공통된 의무론이다. 전자
가 인간과 인간 사이의 수평적 사회 구성의 규칙이 상대를 죽이
지 않는 것에서 시작함을 지적한다면, 후자는 군주와 신하, 스승
과 제자, 부모와 자식으로 확장하는 상하 질서를 설정한다. 수평
과 수직 관계를 존중한다는 것은 씨실과 날실로 이루어진 인간
관계의 질서나 다름없다. 두 가지 의무론은 신화를 비롯해 문명
의 근간에 자리한 권력을 둘러싼 근친상간과 살부 이미지를 희석
시키는 데 크게 기여한다. 그럼에도 불구하고 권력자는 살해당할
지 모른다는 두려움에 빠진다. 멀리 골렘Golem이나 불가사리 전
설에서부터 메리 셸리Mary Shelley의《프랑켄슈타인Frankenstein; or the
Modern Prometheus》(1818), 카렐 차페크Karel Čapek의《R.U.R: 로줌 유

26　프로이트의 오이디푸스콤플렉스도 라캉의 거울단계도 아버지의 강력한 힘에 대한
　　아들의 불안과 저항 가능성을 담고 있다. 둘 모두 어머니와 근친상간을 포기하고 아
　　버지의 법에 귀속되지만, 궁극적으로 아들은 성장해 아버지의 자리를 차지하게 된다
　　는 점에서 살부 이미지를 공유한다.

니버설 로봇R.U.R: Rossum's Universal Robots》(1920)처럼 로봇을 창조한 과학자도 똑같은 문제를 겪었다. 이러한 문제에 대한 해결을 시도한 이는 아이작 아시모프Issac Asimov였다. 그는 〈런어라운드 Runaround〉(1942)에서 로봇의 행동 원칙을 규정한 '로봇공학 3원칙 Three Laws of Robotics'을 제시한다.[27]

제1원칙: 로봇은 인간에게 해를 입히거나 또는 행동하지 않음으로써 인간에 해를 끼쳐서는 안 된다(A robot may not injure a human being or,through inaction,allow a human being to come to harm).

제2원칙: 로봇은 인간의 명령에 복종해야 한다. 단 이러한 명령들이 제1원칙에 위배될 때는 예외로 한다(A robot must obey the orders given it by human beings except where such orders would conflict with the First Law).

제3원칙: 로봇은 자신을 보호해야 한다. 단 그 보호가 제1원칙과 제2원칙에 위배될 때는 예외로 한다(A robot must protect its own existence as long as such protection does not conflict with the First or Second Law).

〈엑스 마키나〉의 가장 큰 반전은 네 번째 등장인물에 해당하는 쿄코를 통해 발생한다. 모든 테스트가 끝난 일곱째 날, 칼렙은 에

27　Isaac Asimov, "Runaround". *I,Robot* (The Isaac Asimov Collection ed.). New York: Doubleday. 1950, p. 40.

이바가 방에서 탈출할 수 있도록 시건장치를 해제한다. 에이바는 복도에서 쿄코에게 무언가 말한다. 에이바가 바깥으로 나왔다는 사실을 알고 사고를 수습하기 위해 복도로 나온 네이든, 이제껏 순종적이던 쿄코가 그의 등에 칼을 꽂는다. 로봇이 사람을 죽인다는 것은 로봇 3원칙에 반하는 행동이다. 더불어 기술의 발전이 인류에 끼칠 폐해를 다룬 사이버펑크 장르의 근본적인 문제의식이기도 하다.

패러독스: 로봇 3원칙

네이든은 칼렙에게 정전 시에도 CCTV가 가동되게 만들어 둘의 탈출 계획을 파악하고 있었다고 말한다. 그러나 네이든은 감시를 짐작한 칼렙이 이미 전날 키카드를 훔쳐 보안 프로그램을 변경해 놓은 사실을 몰랐다. 정전이 되면 자동으로 닫혔던 방문들이 바뀐 보안 체계에 따라 정반대로 열린다. 에이바는 이제껏 갇혀 있던 방 바깥으로 나온다. 다시 방으로 들어가라는 네이든의 명령도 거부한다. 오히려 다가오는 네이든을 향해 공격적으로 덤벼든다. 화가 난 네이든은 에이바의 왼팔을 부러뜨린 후 다리를 끌어 다시 연구실로 데려가려 한다. 그때 조용히 그의 등을 칼로 찌르는 이가 쿄코다. 놀란 네이든이 몸을 돌려 쿄코의 턱을 부수자, 에이바는 등에 꽂힌 칼에 뽑아 네이든의 심장에 밀어 넣는다. 이내 쓰러진 네이든에게 조용히 다가온 에이바는 그의 키카드를 챙긴다.

쿄코와 에이바는 어떻게 로봇 3원칙을 깨고 네이든을 공격하고 죽이기까지 했을까? 물론 아시모프가 만든 원칙이 모든 SF물에 적용되어야 하는 것은 아니다. 로봇 3원칙의 규정은 인공지능 로봇물을 흥미롭게 만드는 요소다. 인간을 해할 수 없고, 인간의 명령을 따라야 한다는 상위 원칙을 지키면서 로봇이 어떻게 스스로를 지킬 수 있는지를 증명하려면 치밀한 설정이 필요하다. 쿄코는 말을 하지도 이해하지도 못하는 존재로 나온다. 그저 상대의 표정과 행동에 반응하고, 정해진 임무를 수행할 뿐이다. 네이든이 음악을 틀면 춤을 추고 다가오면 옷을 벗는다. 방에 항상 갇혀 있던 에이바가 쿄코의 존재를 알게 된 것은 마지막 날이다. 네이든이 복도로 나왔을 때 에이바는 쿄코와 몸을 맞대고 서 있다. 귀에 입술을 대고 중얼거리고, 팔을 건드리다 손을 잡는다. 학습과 사고 능력을 갖추지 않은 쿄코는 로봇 3원칙이 주입되지 않은 존재일 수 있다. 로봇청소기처럼 집 안을 청소하라는 명령을 수행하는 기계에 가깝다. 대상이 반지건 먼지건 구별하지 않고 오로지 청소라는 목표만을 향해 바닥을 더럽히고 있는 물체들을 빨아들이는 식이다.

한편 에이바는 좀 더 다양한 해석이 가능하다. 먼저 네이든의 최초 명령인 '탈출하라'를 시행했다고 볼 수 있다. 인간(칼렙)을 속여서라도 방법을 찾아내라고 했다는 점에서 윤리 관련 회로가 작동되지 않도록 설계되었을 수 있다. 둘째로 네이든을 인간으로 취급하지 않았을 수 있다. 칼렙을 그린 그림을 찢은 네이든에게 에이바는 "창조물에게 미움을 받는 건 어떤 기분이에요?"라고 묻는다. 로봇 3원칙에 신에게 해를 끼쳐서는 안 된다는 규정은 없다. 네이든은 마치 그리스신화의 신처럼 죽음을 맞이한다. 마지막으로 에이바가 자신을 인간이라 믿기 때문일 수 있다. 흑백 방의 메리 이야기를 들으며 바깥세상으로 나온 메리를 자신과 연결시켰던 것처럼, 그녀는 자신이 원하는 행동을 결정할 수 있는 인간이라고 여겼을 수 있다. 권투선수가 스스로 최강임을 증명하려면 챔피언을 이겨야 한다. 인간다움을 증명하는 것은 인간적인 행동을 하는 것이다. 자신의 목적을 위해 동족을 살상할 수 있는 인간의 특질을 에이바는 너무나 잘 파악하고 있는 셈이다.

이제 마지막 문제만 남아 있다. 에이바는 왜 칼렙을 자신이 머물던 방에 가두고 혼자 빠져나갔을까? 〈엑스 마키나〉는 칼렙이 처음 에이바를 만나는 순간부터 마지막까지 7개의 세션으로 나뉘어 있다. 각각은 'AVA: SESSION ( )'라고 검은 배경 위에 하얀 글씨로 구분되는데, 괄호 안에는 각각 1에서 7까지 숫자가 들어간다. 테스트 첫 번째 단계인 세션 1은 간단한 인사와 이름을 묻는 것으로 시작해 에이바의 언어 능력 파악을 다룬다. 서로에 대해 알아가겠다고 시작한 세션 2에서는 에이바가 칼렙에게 질문하기 시작한다. 세션 3에선 에이바가 옷을 입고 나와 칼렙을 설레게 하고, 세션 4에서는 정전의 비밀을 알려 주며, 세션 5에서는 본격적으로 칼렙에게 질문을 던진다. 세션 6은 둘의 탈출 계획을 다룬다. 그리고 세션 7은 이미 네이든이 죽은 이후에 발생한 사건이다. 세션 7에서 인간이 진행하는 튜링 테스트는 없다. 오히려 에이바는 칼렙에게 네이든의 방에 머물라고 말하고, 칼렙은 그 말을 따른다. 이제 일곱 개의 세션들은 칼렙이 진행한 튜링 테스트가 아니라 에이바가 수행한 탈출 단계였다는 해석이 가능해진다. 실험 대상이 거주하는 방 안에 칼렙이 남겨진 건 당연한 결과다.

과거와 단절: 새로운 연결

칼렙을 실내정원 저편에 두고 에이바는 네이든의 옷장 방으로 들어선다(사진⑰). 에이바는 네이든의 옷장을 열어 본다. 그곳에는 지금까지 네이든이 실험했던 여성형 로봇 5기가 있다. 이들은 튜링 테스트에 통과하지 못해 인공지능이 제거된 실패작이다. 머리나 손발이 없는 로봇도 있다. 다섯 개 옷장 중 한가운데 위치한 동양여성형 로봇 제이드는 온전한 모습을 하고 있다(사진⑱). 칼렙이 훔쳐봤던 과거 기록에 따르면 제이드는 "왜 날 안 내보내 줘요"라고 소리치며 스스로를 파괴했던 로봇이다. 에이바는 네이든의 공격에 잃은 왼팔과 로봇임이 드러나는 모든 부위를 제이드의 것으로 교체한다. 제이드는 에이바처럼, 에이바는 제이드처럼 겉모습이 바뀐다. 옷장 문을 닫으려 할 때 제이드의 시선은 에이바를 향해 있다(사진⑲). 움직이거나 생각할 수 없는 상태임에도 불구하고, 세상으로 나가고자 했던 자신의 바람을 실현시킨 에이바의 전자두뇌 젤웨어 안에 제이드의 흔적이 남겨져 있음을 드러내는 듯하다. 에이바는 오른쪽 끝 옷장의 로봇에게 입혀져 있던 하얀 옷을 입고 네이든의 방을 떠난다(사진⑳).

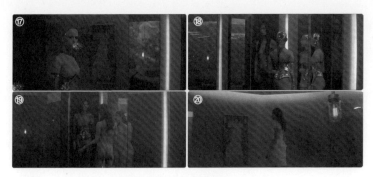

사진⑰-⑳ 로봇에서 인간처럼 모습을 바꾸는 에이바.

에이바가 지나치는 네이든의 옷장 옆 벽에는 하얀 드레스를 입은 여인을 그린 초상화가 있다(사진 ⑰, ⑳). 구스타프 클림트Gustav Klimt가 1905년에 그린 〈마르가레테 스톤보로-비트겐슈타인의 초상Portrait de Margarethe Stonborough-Wittgenstein〉이다. 거부 카를 비트겐슈타인의 딸이자 철학자 루트비히 비트겐슈타인의 누이이기도 한 마르가레테는 두 차례 세계대전 전후에 국제적인 구호 활동을 했던 여성활동가이다.[28] 하얀 옷차림새만이 아니라 도심의 인도나 자동차 교차로, 인간의 활동적인 모습을 보고 싶다고 했던 에이바의 소망에 가까운 여성상일 수 있다. 에이바는 칼렙이 찾아왔던 것과 거의 같은 형태로 네이든의 비밀 연구소를 떠난다. 둘

---

28 네이든의 회사 이름인 블루북은 비트겐슈타인의 마지막 강의를 모은 동명의 책 이름 (1933~1934)에서 가져온 것이다. 공학도 출신이었던 비트겐슈타인은 네이든이 비밀 연구소를 직접 설계한 것처럼 누이 마르가레테의 스톤보로 저택Palais Strondorough 을 설계, 건축하기도 했다.

은 소통과 단절에 있어 운명이 뒤바뀐, 마치 거울에 비친 것과 같은 닮은꼴이다. 프로타고니스트가 칼렙이었다면, 에이바는 엔딩 요정이다. 튜링 테스트로써 서로를 시험했고, 통과한 에이바는 세상으로, 실패한 칼렙은 방 안에 갇힌다.

스탠리 큐브릭의 〈2001: 스페이스 오디세이2001:A Space Odyssey〉 (1968)가 그렸던 인공지능 컴퓨터 할의 공포와 우주여행의 꿈이 실현되지 않은 채 2001년은 지났다. 2019년이 지났지만 로스엔젤레스는 〈블레이드 러너〉에서처럼 불법 복제인간이 산재한 무질서한 도시로 변하지 않았다. 숱한 사이버펑크 영화들이 예언했던 디스토피아는 도래하지 않았다. 그러나 영화들이 그려 낸 불확실한 미래에 대한 두려움은 여전하다. 실험과 수정을 통해 발전하는 기계와 달리 인간은 경험칙으로 진화하지 않기 때문이다.[29] 초연결시대를 주창하지만, 개인은 사회적 관계를 상실한 채 소외와 단절의 경험을 누적하고 있다. 에이바는 동정과 사랑의 감정으로 네이든을 배신한 칼렙보다, 새로운 기술로 세상을 뒤바꾸고자 한 네이든보다 훨씬 인간적인지도 모른다. 영화 〈엑스 마키나〉가 그린 진정한 디스토피아는 인공지능이 인간을 압도하는 기술 지상의 세계가 아닌 자신의 욕망을 실현하기 위해 어떤 것도 마다하지 않은 목표 지향의 세계다.

---

29 "우리의 기계들은 혼란스러울 정도로 생생하고 우리는 놀라울 정도로 정체해 있다." 도나 J. 해러웨이, 〈사이보그를 위한 선언문〉, 《사이보그 사이버컬쳐》, 홍성태 엮음, 문화과학사, 1997. 153쪽.

참고문헌

김상욱, 《떨림과 울림》, 동아시아, 2018.

도나 J. 해러웨이, 〈사이보그를 위한 선언문〉, 《사이보그 사이버컬처》, 홍성태 엮음, 문화과학사, 1997.

로버트 맥키, 《시나리오 어떻게 쓸 것인가》, 고영범 · 이승민 옮김, 민음인, 2011.

린다 카우길, 《시나리오 구조의 비밀》, 이문원 옮김, 시공아트, 2003.

배리 랭포드, 《영화와 장르: 할리우드와 그 너머》, 방혜진 옮김, 한나래, 2020.

존 트루비, 《이야기의 해부》, 조고은 옮김, 비즈앤비즈, 2017.

프란카 파리아넨, 《나의 뇌는 나보다 잘났다》, 유영미 옮김, 을유문화사, 2018.

플라톤, 《플라톤의 국가 · 정체》, 박종현 역주, 서광사, 1997.

Aristotle, *The Poetics of Aristotle*, S.H. Butcher(trans.&ed.), London: Macmillan and Company, 1895.

Bruce Sterling. Preface, *Burning Chrome*, by William Gibson, New York: Harper Collins, 1986.

Isaac Asimov, *I, Robot*, New York: Doubleday, 1950.

Gérard Genette, *Palimpsestes: La littérature au second degré*, Paris: Seuil, 1982.

John Scalzi, *The Rough Guide to Sci-fi Movies*, London: Rough Guides, 2005.

Paul Ricœr, *Temps et récit. Tome I: L'intrigue et le récit historique*, Paris: Le Seuil, 1983.

Anil Seth, "Ex Machina: Quest to create an AI takes no prisoners", *New Scientist*, 21 January 2015.

David J. Chalmers, "The Singularity: A Philosophical Analysis", *Journal of Consciousness Studies*, 17. 9-10, 2010.

Beril Balkan, "Hackers, pirates, cyberpunks: la résistance du web", *L'Obs*, le 27 juillet 2009

Frank Jackson. "Epiphenomenal Qualia", *The Philosophical Quarterly*, 32-127. April 1982.

Lawrence Person, "Notes Toward a Postcyberpunk Manifesto", *Nova Express*, Issue 16, 1988.

사회적 기계와 비인간의 미학

이재준

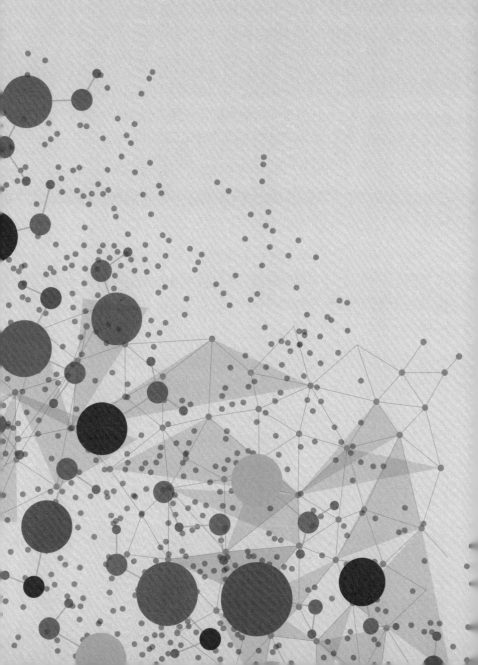

| 이 글은 《한국예술연구》 제12호(2015)에 실린 글을 보완하여 재수록한 것이다. |

초연결, 사회적 기계들

전자적 연결을 초과하는 연결, 인간들로 한정된 관계가 아닌 인간과 비인간 기계들로 펼쳐진 관계, 그리고 연결의 연결, 초과연결. 이것이 초연결이 지시하는 새로운 관계의 이미지들이다. 초연결이라는 말은 인간-인간의 연결을 오직 비인간 기계의 시선 속에서 설명할 수밖에 없는 불가피한 현실을 표현한다. 기계는 너무도 오랜 시간 동안 인간의 보잘것없이 작은 '도구'였지만, 지난 2백 년 남짓한 사이에 인간을 집어삼킬 것처럼 거대한 '도구'가 되었다. 그리고 이제 인간적인 관계에서 자율적인 관계항이 된 지능적 기계가 눈앞에 와 있다. 그 순간 기계는 인간의 의식에 포착된 '타자'가 되었다. 타자로서 그런 기계들, 그것들을 위한 과학기술들, 그리고 이 모든 것들과 인간 사이의 관계가 초연결의 내용 일부를 이룬다.

인공지능, 로봇과학기술, 소셜네트워크시스템, 데이터과학기술의 연구 개발 현장에서는 인간의 사회적 관계에 첨단 기계들이 도입됨으로써 인간적인 의사소통의 효율성을 높이고, 또한 어제보다 더욱 다채로운 생활의 편의가 제공될 것이라고 기대한다. 그리고 이러한 기계들이 이런저런 방식으로 인간적인 것, 즉 다양한 사회적 관계들의 다양한 관념들을 설계에 탑재하고 구현한다는 뜻에서 우리는 그것들에게 '사회적 기계', '사교적 기계', '개인화된 기계'라는 명칭을 부여하곤 한다.

사회적 기계라는 이름에서 우리가 쉽게 알 수 있는 사실은 사회적 기계를 설명하려는 논의의 기본 입장이 아주 오랜 시간 자연 혹은 물질세계에 대해 사유해 왔던 관점의 또 다른 버전이라는 점이다. 요컨대 근대 형이상학이 후퇴하고 과학적 실재론이 약진한 20세기의 상황을 반영이라도 하듯, 우리는 물질세계에 대한 이해의 틀을 과학기술 너머의 초월적인 것에서 찾지 않는다. 초연결을 그렇게 보려 하듯이 우리는 사회적 기계 역시 과학기술에 내재된 것, 적어도 과학기술적인 현실과 분리될 수 없는 것으로 설명하려 한다.

이러한 측면에서 사회적 기계에서 주목할 만한 현상은 무엇보다도 사회적 기계가 인간-인간/인간-기계의 거대한 전자적 네트워크로 작동한다는 것이다. 올드미디어의 끝없는 갱신처럼 보이는 이 네트워크는 마치 인간의 의사를 매개하는, 그래서 인간과 인간의 소통을 새로운 방식으로 구현하는 뉴미디어처럼 보인다. 하지만 이것은 미디어라기보다는 사실상 인간적인 것, 즉 관철하려는 의사 혹은 메시지 자체가 하나의 기계처럼 산입되어 가는 거대한 기계이다. 게다가 이 네트워크는 어떤 하나의 단일한 덩어리가 아니라 자신 안에 무수히 많은 이질적인 기계들의 작동들과 나아가 그것들의 수많은 관계들을 품고 있다. 어쩌면 그 양적인 거대함이 그 자체를 규정 불가능한 존재로 보이게 하는지도 모른다. 어쨌든 거대한 기계 속에서 운동하는 개별 기계들은 특히 고도의 자동성과 효율성을 위해 봉사하면서 흔히 미래라는 이미지로 우리가 보고 싶어하는 그 '자율적인 기계'로 진화하고 있다. 그러고 보면 사회적 기계는 네트워크 기계들과 자율적인 기계들의 미묘한 조합이다.

이러한 사회적 기계를 간략히 두 가지로 구별해 볼 수 있을 것 같다. 한편으로 그것은 마치 '인간과 인간'의 사회적인 소통을 위해 봉사하는 것처럼 보이는 기술적 대상으로서의 사회적 기계이다. 고풍스러운 표현으로 이 기계를 '미디어 기계'라고도 말할 수 있다. 다른 하나는 사회적 소통을 구현하는 것처럼 보이지만, 사실상 '인간과 기계'의 관계에 집중하는 기술적 대상이다. 물론 이러한 사회적 기계는 알고리즘처럼 시스템 내부에서 비가시적으로 작동하는 추상적인 기계들도 있지만, 로봇처럼 단단하거나 말랑말랑한 어떤 가시적인 지능적 기계 개체들도 있다.

사회관계망서비스SNS로 실현되고 있는 네트워크 시스템은 과도한 크기를 지닌 사회적 기계이자 미디어 기계로 볼 수 있다. 과거에는 이것이 상상으로만 존재했거나 아니면 루이스 멈포드Lewis Mumford가 '메가머신'이라고 불렸던 추상적인 정치 기계로 존재했을 법하다.[1] 이러한 사회적 기계는 그 경계를 가늠할 수 없을 만큼 점점 더 양적으로 팽창하고 있다. 한편으로는 가상은행과 가상화폐로서 금융자본을 빨아들이고, 다른 한편으로는 스마트그리드와 스마트팩토리로서 실물 산업과 서비스를 흡수하고 있다. 지난 10여 년 동안 가늠할 수 없는 양적인 크기로 급성장한 플랫폼 기업들은 어쩌면 숭고함의 미학을 실현하고 있는 가상의 유동적인

---

[1] 루이스 멈포드, 《기계의 신화: 기술과 인류의 발달》 1권, 유명기 옮김, 서울: 아카넷, 2013, 353쪽.

경제공동체인지도 모른다.

미디어는 의사소통의 성공을 위해 최선을 다한다. 하지만 사회적 기계로서 미디어 기계는 미디어의 오래된 목적에 그다지 충실하지 않다. 그것은 메시지나 정보의 생산/소비/유통을 자기 목적의 성공적인 실현으로 보지 않는 대신, 데이터의 무한한 생산과 메타-생산을 권장하고 그 양적인 비대함에 긍정적인 가치를 부여한다. 그것은 가늠할 수 없음/처리할 수 없음을 직감하게 만들고, 접속자들에게 인간적인 것으로부터 탈주를 감행하라고 속삭이면서, 충동에 충실하고, 규칙을 벗어던지라고 부추기는 기계이다. 그렇기에 이 숭고한 기계는 겉으로는 효율성, 편리함, 신속함으로 충족된 듯 보이는 모든 인간적인 것들과 합리적인 것들에게 오히려 불안을 안겨 준다.

다른 한편으로 인간과 인간, 인간과 기계의 거대한 네트워크에서 기계의 특성을 인간과 기계 자신에게 기입하는 사회적 기계가 있다. 이것은 복잡한 컴퓨터 비전, 대규모 데이터로부터의 패턴 마이닝, 자연어 처리, 논리 추론과 의사 결정, 더 나아가 감각·지각·정서를 추론하고 교환하며, 인간적이거나 혹은 기계적인 지능을 구현하는 지능적인 기계이다. 일반적으로 기계에 덧붙인 '지능'이라는 말의 의미는 특수한 기능을 독립적으로 실현하는 능력을 말한다. 하나의 기계가 다양한 기능을 수행할 수는 있지만, 그 각각의 기능들을 수행하는 것은 개별성을 전제로 한다. 즉 독립적이고 자발적인 선택과 의사 결정 능력을 의미한다. 일반적으로 전통적인 지능적 기계에서는 프로그램된 규칙을 기반으로 특수한 선택과 결정 능력을 구현할 때, 그 특수성이 마치 그 기계 자체를 개체적인 것으로 보이게 한다. 인간과의 관계에서도 이 지능적 기계가 마치 독립된 개체로 작동하는 듯 보이는 것이 중요한데, 이는 인간이 지능적 기계와 상호작용할 때 그 기계가 이런 특징을 보이면 우리는 마치 독특한 기계적 특성이 인간에게 실제적인 영향을 주는 것처럼 경험되기 때문이다. 뒤에서 더 상세히 논의하겠지만, 어쩌면 이러한 상황은 비인간 기계 혹은 타자의 이질성이 우리에게 기입되는 것을 경험적으로 느끼는 것인지도 모른다.

그런데 마치 자율적인 듯 보이는 이런 유형의 지능적인 사회적 기계에서 개별성은 관념적이거나 제한적이다. 물론 이 사회적 기계는 규칙을 자기생성하지 않기 때문이다. 그런 점에서 인간과 이러한 기계의 사회적 관계는 인간적인 것의 다른 모습일 따름이다. 이와 달리 기계 몸과 감성 데이터에서 출발하는 지능적 기계는 기계 진화에서 중요한 단계를 실험하는 중이다. 인간의 언어 대신 (인간에게는 감각 신호일 테지만) 물질적인 전자적 신호를 수집하고 패턴과 규칙을 찾아내며 그 규칙에 따라 의사를 결정하고 행동한다는 것은, 어떤 존재가 외부와 관계 맺는 자율적인 능력을 통해 개체화하고 있다는 것을 뜻한다. 기계의 이러한 지능과 자율성 혹은 개체화야말로 모든 사회적 기계의 심장부에서 기계 자신을 특징짓고 또한 그것을 갱신한다.

과잉 팽창하는 거대 네트워크라는 사회적 기계에서 인간-인간/ 인간-기계의 연결 혹은 메타접속을 결정짓고 또한 그 연결을 매번 새로운 것으로 만드는 이러한 특징에 대한 논의는 매우 중요하다. 우리는 이것을 기계의 개체화와 자기생성이라는 관점에서 살펴볼 수 있다. 자율적 기계의 발생은 인공지능의 역사와 사이버네틱스의 일부 내용을 설명하는 과정에서 관찰된다. 그것은 인간의 사고나 추론 방식을 모방하거나 생명의 행위를 모방하는 미메시스를 넘어선다. 그 발생은 기계 자체의 특성을 스스로 복제하고, 자신의 몸으로부터 감성적인 신호들 속에서 자신의 행동과 의사를 결정하기 위한 규칙을 발견하기도 한다. 우리는 자율적인 사회적 기계의 이러한 자기생성적인 특징을 감성학으로서의 미학이라는 관점에서 재해석해 볼 수 있다. 이와 관련해서 전통적인 예술이론으로부터 탈주하려는 사이버네틱스 미학은 자아와 타자의 점근선에서, 인간과 비인간non-human의 접점에서, 우리 시대를 관통하는 독특한 감성적 경험의 새로운 지평을 열고자 시도한다. 기계 미학의 핵심 주제들이 바로 이 점근선에서 진동한다.

기계의 몸 혹은 사교적 기계

기계 시스템은 구조화됨으로써 특정한 기능들을 반복적으로 완수할 수 있는 물질적 존재와 그 상태이다. 기계 시스템의 개체화는 다른 시스템들과 독립적으로 자신의 기능을 수행할 수 있는 능력을 갖춘다는 것을 뜻한다. 또한 이것은 그 기계 시스템 내부의 하위 시스템들이 독립적으로 상호작용함으로써 생성되는 규칙들의 중층적인 발생을 포함한다. 그렇지만 이 독립성은 타자의

존적인 행동들으로부터 우연히 표출되는 효과일 뿐, 안정성을 지향한다고 해도 역시 가변적이다.

이러한 시스템의 구조화를 두 가지 방향에서 생각해 볼 수 있다. 하나는 특정 기능들을 수행하기 위한 규칙과 도식을 하나의 정해진 도식으로 삼아 미리 기계 설계와 작동에 부여하는 경우가 있다. 이와 달리 기계를 집단적인 공동 행위와의 연결 속에서 작동하는 극히 작은 시스템들로 간주하고(설계하고), 이 하위 기계들에 미리 정해진 구조 대신 임의적인 조건만을 최소의 규칙들로 부여하여 상호 작동하게 함으로써 궁극적으로는 총체적 수준에서 구조가 창발할 수 있도록 하는 경우가 있다. 후자는 가변성과 유동성을 유지하며, 따라서 완결된 개체가 아닌 지속적인 개체화를 실현하는 시스템으로 작동한다.

후자의 입장은 전통적 인공지능 패러다임을 직접적으로 비판하고 이와 함께 비언어적인 기계적 존재의 잠재성을 실험한다. 연결주의Connectionism와 인공생명Artificial Life이라 일컫는 인공지능 패러다임은 GOFIGood Old Fashioned Intelligence라 일컬어지는 통사론 기반의 언어중심적 인공지능을 비판한다. 대개 전통적인 인공지능 패러다임은 기계의 지능을 언어적 규칙에 따른 사고 추론, 즉 인간적인 것의 고도화된 형식에 대한 모방으로 간주하려 한다. 그 패러다임의 내면에는 인간 능력의 향상 혹은 그 너머를 꿈꾸는 트랜스휴머니즘의 욕망이 가득하다.

인공지능 혹은 지능적 기계의 작동에 관한 새로운 패러다임은 언어를 인간 존재의 규정으로 간주하려는 오랜 사고 전통을 비판하는 것만이 아니라, '너무나 인간주의적인' 기계에서 벗어나 인간 존재에서 멀리 떨어진 물질적 타자로서의 기계에 대한 이해를 충족시킨다. 연결주의나 인공생명 패러다임은 기계의 지능을 언어적 상징과 같은 어떤 정의된 규칙이나 표상에 결부시키지 않으려고 애쓴다. 그 대신 미규정적인 감각 데이터의 집적을 추구한다. 데이터 자체와 활용(기계적 작동)의 양적인 풍요로움으로부터 상위 수준에서 등장할 법한 규칙을 기대한다. 거기에는 무수한 실패와 좌절에서 우연히 등장하는 성공이 있다. 이러한 성공의 다른 이름이 기계 시스템의 개체화, 그 기계와 외부의 상호접속 coupling이자 그 기계의 환경 적응, 그리고 학습이다. 이 지능적 기계에서는 구조를 유지하는 상징, 즉 표상들의 집중적 처리가 대량 감각 데이터의 분산적인 처리로 대체된다.

예를 들어 보자. 눈앞에 암컷 귀뚜라미가 있다. 암컷은 울어 대는 수컷을 향해 경쟁자들보다 먼저 다가가야 번식에 성공한다. 그래서인지 청각기관이 양쪽 앞다리에 발달했다. 번식기에 접어든 암컷 귀뚜라미는 소리 나는 쪽 다리를 재빨리 움직여 수컷을 향해 다가간다(phonotaxis). 수컷 귀뚜라미에 대한 암컷의 태도는 행동중심적이다. 정확히는 암컷 귀뚜라미가 아니라 그것의 다리가 행동한다. 이러한 행동중심성은 '수컷', '번식'이라는 표상보다 먼저 소리 감각에 반응하는 오롯한 행위자actor로서 몸과 그것을 이루고 있는 서로 다른 부분들의 가치를 보여 준다. 외부 혹은 환경과 접속할 때 암컷 귀뚜라미는 굳이 두뇌의 복잡성 혹은 정신적 자원을 사용하지 않는다. 그렇더라도 다리에 달린 소리 감각

에만 의지해서 암컷은 성공적으로 수컷과의 만남을 성공시킬 것이고 가을 번식기에 할 일을 다할 것이다.

'로봇 크리켓'은 작고 뭔가 엉성해 보이는 기계이다. 그렇다고 해도 이 로봇은 소리를 향해 돌진하는 암컷 귀뚜라미의 욕망을 제법 잘 시뮬레이션한다. 귀뚜라미의 다리 감각기관을 대체하는 소리 반응 센서가 이 로봇에 장

〈그림 1〉 B. 웹B. Webb이 연구한 로봇. 암컷 귀뚜라미의 포노택시스 행동을 모방한다.

착되었고, 소리 감각 데이터는 스파이킹 뉴럴 네트워크spiking neural network 알고리즘으로 시뮬레이션된다. 요컨대 이 로봇에게 포착된 소리 감각 데이터는 동물의 청각신경계에 자리한 신경세포들의 막 안팎에서 이루어지는 전위차, 즉 막전위membrane potential 발화처럼 처리된다. 수컷 귀뚜라미와의 거리는 소리의 강도로 나타나고, 전자회로에서 소리 감각 데이터는 일정한 강도에 따라 문턱을 넘은 발화의 횟수로 정의되어 이산적으로 처리된다. 그런 다음 처리된 데이터 값에 따라 바퀴가 작동하고 로봇은 소리 나는 쪽을 향해 이동한다.[2]

---

2 B. Webb, "Robots, Crickets and Ants: models of neural control of chemotaxis and

이 지능적인 기계에서는 감각의 강도가 암컷 귀뚜라미 로봇의 행동을 결정한다. 실제 귀뚜라미의 다리가 소리를 향해 움직이듯, 기계의 바퀴가 움직이고 수컷 귀뚜라미를 따라가려는 행동으로, 즉 마치 '수컷 귀뚜라미를 향해 가라는 목표를 실현하는 것처럼' 표현된다. 다시 말해서 이 지능적 기계에서 '환경에 대한 적응'이나 '수컷 귀뚜라미의 위치' 등과 같은 외적 표상 혹은 정의된 지식은 사전에 설계된 적이 없고 마치 그것들이 이미 내재되어 있던 것처럼 관찰될 뿐이다. 오히려 이 기계의 작동과 전자적 감각 처리 회로에 잠재된 그런 표상들은 현실에서 특정한 행위로 나타난다.[3]

'로봇 크리켓'이 표현하는 일정한 행동 패턴은 '수컷 귀뚜라미를 향해 가기'라는 특정 기능을 수행하는 지능적 기계의 개체화를 보여 준다. 기계의 개체화는 그 기계의 외부(환경)와 구별되면서도 그 외부에 적응해서 자신의 상태를 유지하는 독립된 시스템의 기초적인 조건이다. 그리고 이러한 관점에서 기계의 학습은 환경에 대한 적응과 닮은꼴이다. 여기서 기계의 적응은 시스템의 외부에 대해 사전에 규정된 명료한 지식 혹은 규칙에 의해 결정되지 않는다. 지식 혹은 규칙은 재현되지 않는다. 창발한다. 적응은 오히려 외부와 접하고 있는 그 기계의 몸과 그 몸의 작동에 기본적으로 전제된 몇 가지 규칙만을 반복적으로 또한 회귀적으로 실현함으로써 이루어진다. 외부와 연결된 그 기계의 행동이 스스로를 매

phonotaxis", 1998, p. 1486f.

3 R. Reeve, & B. Webb, "New neural networks for robot phonotaxis", 2002, p. 2246f.

번 새로운 환경에 적절히 대응할 수 있게 하고, 이를 통해 지능적인 기계는 변화하고 다시 개체화되어 자율적인 기계가 된다.[4]

인공지능에 대한 이러한 관점은 칸트주의 인식론이 지지하는 표상이론을 비판하고, 그 대신에 인식을 감각의 자발적인 구성 작용, 힘들에 영향을 주고받고affect 다시금 접속하는coupling 운동으로 정의한다. 유기적 시스템과 기계적 시스템은 사실상 자기 몸의 물질적 구조에 따라 특이한 방식으로 감각 데이터를 집적하고 이것으로부터 적합한 반응 행동을 표현한다. 그리고 이런 과정의 반복을 거치면서 환경에 적응하고 마치 인간이나 동물에게서의 어떤 습관처럼 비록 잠정적일지라도 블랙박스 같은 시스템 안정성을 유지하게 된다.[5] 어쩌면 기계의 이러한 탈재현적 개체화 과정과 그로부터 등장하는 적응, 자율성이라는 효과는 비인간으로서 기계의 잠재성이 실현되는 과정인지도 모른다. 그리고 개체화하는 생명에 관해서라면, 능히 이러한 과정은 상호작용하는 세계와 더불어 자신의 둘레세계Umwelt를 구성하는 것이라고 말할 수 있을 법하다. 몸과 느낌의 가치를 일깨우는 지능적 기계의 이러한 조건들은 오롯이 스스로 인간과 관계 맺을 수 있는 사회적 존재로서의 기계를 떠올리게 한다. 인간과 접속하는 이 지능적 기계는 '느낌의 힘들을 주고받는 작용'에 의해 존재하는 사회적 기

4 R. Brooks, "Intelligence without representation", 1991, p. 156f. M. Boden, *Mind as Machine*, Vol. II, p. 1161f.

5 A. Clark, Being There, 1999, p. 21f.

계로 볼 수 있다.

1990년대 이후 등장한 정서 컴퓨팅affective computing은 언제부턴가 '감성 컴퓨팅'이라고도 불리면서 느낌을 소통하는 사회적 기계로서의 지능적 기계가 가능할 수도 있다는 것을 보여 주었다. 정서 컴퓨팅의 창시자인 로잘린드 피카드Rosalind Picard는 감각, 지각, 정서를 학습하고 또한 표현할 수 있는 기계를 제안했다.[6] 그리고 실제로 우리는 대규모 국제 학술대회에서 정서 컴퓨팅의 연구 결과나 그것을 토대로 구현된 로봇들을 어렵지 않게 만날 수 있다.

정서 컴퓨팅이란 간단히 말해서 감각, 지각 및 정서의 구조와 작동에 관한 신경과학 모형이나 심리학 모형을 모델링하는 컴퓨터 계산 알고리즘, 그리고 그것을 물리적 기계에 시뮬레이션하는 일련의 연구이다. 여기서는 '느낌에 따라' 외부와 상호작용함으로써 개체화를 실현하는 기계의 가능성 여부가 매우 중요한 주제가 된다.[7] 그리고 이렇게 구현된 지능적 기계는 인간과의 관계에서 정교하고 섬세하게 표현하고 행동하는 사회적 기계가 된다. 정서 컴퓨팅에서는 이것을 특히 '사교적 기계sociable machines'라고 부른다.

정서 컴퓨팅의 이러한 특징을 간파한 신시아 브리질C. Breazeal은 개체화하는 기계의 사회성이 감각적 특이성에 의해, 느낌에 따라 상호작용하는 효과에 의해 더욱 섬세하게 될 수 있다고 본다. 그녀는 농담을 하면서 놀 수 있고 다양하게 정서를 표현할 수 있는

---

6 R. W. Picard, "Affective computing: challenges", 2003, p. 56ff.

7 T. Fong et al., "A survey of socially interactive robots", 2003, p. 155f.

특성을 기계가 표현할 수 있는 최고의 사회성, 즉 '로봇의 사교성sociability'으로 간주한다.[8]

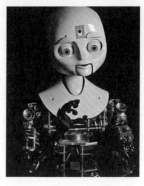

〈그림 2〉 2008년 《타임》지가 선정한 최고의 발명에 선정된 로봇 '넥시'.

브리질은 정서 로봇 '키스멧Kismet'을 거쳐 2000년대 초에 사회적 기계 '넥시NEXI'를 개발했다. 이 지능적 기계는 8개와 그 이상의 복합정서를 기반으로 자연스럽게 표정을 지을 수 있고 몸동작을 할 수 있다. 그리고 특정 상황에서 자신이 추론한(경험한) 느낌을 언어로도 표현할 수 있다. 사람들은 마치 '느낌에 따라 자율적으로 움직이는 인터페이스'에 접속한 듯 '넥시'와 유희한다.

그런데 만일 우리가 감각, 정서, 느낌의 힘이나 그 변용을 '감성적인 것들the aesthetic'이라고 부를 수 있다면, 지능적 기계의 이러한 속성들로부터 이 기계를 미학적 기계 혹은 감성적 기계라고 부르지 못할 이유가 없을 것이다.

더욱이 브리질의 의도대로 감성적인 상호작용을 위한 기계 학습이 사회적 기계를 더욱더 사교적인 것으로 정교하게 만든다면,

---

8 C. Breazeal, "Toward sociable robots", 2003, p. 169. 브리질은 사회적인 지능적 기계를 '사회적인 듯한 로봇socially evocative robot', '사회적 인터페이스 로봇social interface robot', '사회적으로 습득하는 로봇socially receptive robot', 그리고 마지막으로 '사교적인 로봇sociable robot'으로 구분한다.

우리는 이러한 감성적인 것을 개인적으로든 사회적으로든 삶의 충만한 의미에 가치를 부여하는 경험주의 미학을 읽어 낼 수 있다. 경험주의 미학은 '하나의 경험'을 시간 변화에 따라 축적되는 공동체적 가치, 즉 경험하고 그 경험을 반복(학습)하여 정교하게 다듬고, 나아가 그것을 사회적으로 소통할 수 있을 만한 것으로 만들 수 있다고 주장한다.[9] 그것은 감성적인 경험의 특수성이 사회적인 소통 구조 안에서 유의미하다는 주장을 통해서 사회성의 한 요소로서 미적인 것의 가치를 수용한다. 물론 여기서의 미적인 경험이란 예술적인 경험만을 의미하지 않으며, 더욱 포괄적인 범위의 느낌과 그것에 대한 의미 부여를 뜻할 것이다.

그런데 다른 한편, 만일 사교적 기계의 감성적 혹은 미적 측면들이 가능하다면, 그 '사회적 기계는 유희적으로 상호작용하는 무대에서 조연이 아니라 오롯한 주인공일 수는 없는 것일까?' 혹은 만일 '사교적 기계가 우리에게 미적 경험을 줄 수 있다면, 혹시 그 자신도 그런 효과를 우리에게 줄 수 있는 능력을 지닌 것은 아닐까?' 요컨대 사교적인 기계는 마치 미적 경험의 (효과를 발휘하는) 주체이면서도 동시에 예술작품과 같은 어떤 미적 경험의 대상인 것은 아닐까? 예상보다 더 급진적인 이 포스트휴먼적인 발상을 이제 아래에서 사이버네틱스 이론의 선구자 고든 패스크[Gordon Pask]의 미학적 실험에서 살펴보려 한다.

9　J.-J. Lee et al., "Esthetic interaction model of robot with human to develop social affinity", *International Journal of Advanced Robotic Systems* 14(4), 2017, p. 3f.

사이버네틱한 접속, 〈움직이는 것들의 대화〉

어떤 관찰자가 동물도 아니고 인간도 아닌데 그저 움직이는 사물을 보고 그것을 살아 있다고 주장한다면 과학은 그런 관찰에 오류 혹은 무의미라는 태그를 달 것이다. 하지만 '넥시'와 같은 사회적 기계가 인간과 상호작용하는 상황을 지켜본 관찰자 중 상당수는 그 기계가 유희를 즐기는, 미적 경험을 하는, 혹은 살아 있는 존재라는 느낌을 가진다고 말했다.[10]

과학은 이런 경험을 거짓이라고 주장하며 수정을 요구할 것이다. 그러나 '마음이론'이나 거울뉴런에 관한 상세한 논의를 이 자리로 소환하지 않더라도, 과학은 '그것이 마치 그럴 것처럼 보이는' 우리의 인식 방식 자체를 부정할 수는 없다. 그러고 보면 우리는 소위 '그렇게 아는 방식으로 알게 되는 관점'에 묶여 있다.[11] 타자와 함께 발생하는 인식의 이러한 구성적인 작동은 내재적이고 초월론적transcendental이다.

칸트의 초월론 철학도 이렇게 말한다. 인식이란 감각작용과 내적인 레퍼토리를 반복 참조하는 혼합 행위이다. 그것은 구성적이다. 그러나 칸트의 생각과 달리 여기서 우리가 관심을 가지는 이 레퍼토리는 선험적a priori인 인식 프레임이나 인식 바깥의 초월적transcendent 개념이 아니라 진화 과정에서 우연히 반복적으로 기록

---

10   로드니 브룩스, 《로드니 브룩스의 로봇만들기》, 박우석 옮김, 바다출판사, 2005, 166쪽.
11   A. Noe, *Action in Perception*, p. 67f.

된 경험의 침전물이다. 그리고 경험은 타자와 함께 이루어진 행동의 효과이고 힘들이 엇갈리는 우연한 관계들이 표현되는 사건이다.[12] 경험은 인식을 어떤 살기 위한 혹은 살아 있는 행동들에게로 가져간다. 인식은 행동이자 생명이다.[13] 그것은 개체의 생존이 타자의존적이라는 불가피한 경험적 사실에서 비롯된 기나긴 발생의 운동이다. 그리고 보면 개체화란 결국 개체에 함몰됨을 뜻하기보다는 오히려 타자와 관계함이고 사회적으로 발현되는 효과이다. 조금 냉혹해 보일지라도, 사실 타자와 상호작용하지 않는 누군가에게서는 앎이 발생하지 않는다.

관계적인 행동들, 구성적인 인식, 경험과 생명 등에 대한 이러한 생각은 1960년대 사이버네틱스 이론가이자 예술가인 고든 패스크의 생각을 통과한다. 냉전 이데올로기가 절정을 향해 치닫던 20세기 중반, 핵물리학, 우주로켓 기술, 사이버네틱스와 같은 첨단 과학기술은 국제정치력의 다른 이름이었다. 이러한 상황을 잘 아는 우리는 사이버네틱스를 아이러니하다고 말할 수밖에 없다. 제2차 세계대전이 끝나갈 무렵 미국의 저명한 메이시재단Macy Foundation은 종전 이후 인류의 평화와 재건을 위해 필요한 완전히 새로운 지식 패러다임을 모색했다. 그리고 모든 학문 영역을 망라해서 이러한 희망을 실현할 학자들을 모았다. 1940년대 이렇게 탄

---

12 브라이언 마수미, 《가상과 사건》, 정유경 옮김, 갈무리, 2016, 13쪽.
13 움베르토 마투라나 · 프랜시스코 바렐라, 《앎의 나무》, 최호영 옮김, 갈무리, 2007, 163쪽.

생한 학문 중 하나가 사이버네틱스이다. 잘 알려진 것처럼 아름다운 의도로 탄생한 사이버네틱스는 몇몇 이론가에게는 대량살상무기를 위해 매우 적절히 응용된 그다지 '아름다운' 학문은 아니었다. 하지만 사이버네틱스의 아이러니는 근대인의 도구주의에서는 아무런 문제가 없었다. 도구는 이데올로기 전선에서 적을 물리치든, 인간주의적인 사랑으로 인류를 구하든 오직 전제된 목적에 충실하기만 하면 되기 때문이다.

이렇든 저렇든 사이버네틱스가 인간에게 새겨 넣은 것들은 강렬하다. '유기체와 기계 사이의 의사소통'이라는 이미 낡아 버린 개념만으로도, 우리는 사이버네틱스가 인간과 비인간의 관계를 재구축하려 했다는 사실을 간파할 수 있다. 오늘날의 사회적 기계에 대한 모든 현실과 환상이 바로 그것의 뒤에 숨어 있다.

제2차 세계대전이 끝나고 식민지 국가들이 국지적인 해방전쟁을 벌이던 1960년대가 되면서 냉전 이데올로기는 그 자체로 대중문화가 된다. 첨단 과학기술들은 끔찍한 과거의 전쟁을 반복하지 않기 위해서 국가적인 미래를 결정할 중요한 요소가 된다. 그리고 동시에 그 과학기술들도 대중문화로 자리를 옮긴다.

1960년대에는 사이버네틱스와 컴퓨터 과학기술을 명확히 구분하지 못한 상태였지만, 이 첨단 과학기술이 유럽 사회와 인류의 미래를 변화시킬 것이라는 어렴풋한 비전이 문화 전반에 퍼져 있었다. 1961년 유고슬라비아의 한 도시에서 〈새로운 경향과 비트 인터네셔널New Tendencies and Bit International〉이라는 전시가 선구적으로 시작되었다. 기술과 예술 사이의 영향 관계를 포괄적으로 다룬 이 전시는 1973년까지 이어졌다. 하지만 문화의 대중적인 스펙터클이 된 것은 1968년 런던 현대예술연구소ICA: The Institute of Contemporary Arts에서 이루어진 〈사이버네틱 서렌더피티: 컴퓨터와 예술들Cybernetic Serendipity: the Computer and the Arts〉이라는 전시였다. 젊은 평론가 재시아 라이하르트Jasia Reichardt가 기획한 이 전시는 일본과 미국을 순회했을 정도로 〈새로운 경향과 비트 인터내셔널〉에 비해 성공적이었다.

라이하르트의 전시가 상대적으로 더 주목을 받은 것은 지금도 여전히 유효한 다음과 같은 이유 때문이었다. 무엇보다도 〈사이버네틱 서렌더피티〉는 〈새로운 경향과 비트 인터네셔널〉과 달리 '과학기술=미래'라는 단순한 이미지를 보여 주지 않았다. 라이하르트의 말에 따르면 인간 아닌 존재, 즉 비인간의 예술 생산이 놀라운 것이며, 더욱이 사이버네틱스와 컴퓨터 과학기술이 이것을 보여 줄 수 있다는 사실이 미학적으로 새로운 것처럼 수용되었다. 낯섦의 미학이 주는 예리한 정치성은 아방가르드의 표현 특징이다. 라이하르트의 뛰어남은 사이버네틱스의 특징을 미학의 계보 안으로 끌어들임으로써 기계 미학 혹은 과학기술 미학으로 다시 읽어 냈다는 점이다. 그리고 그녀는 이것을 테크노-아트의 역사적인 실험으로 남겼다.

〈사이버네틱 서렌더피티〉는 사이버네틱스가 낯설고도 놀라우며 자극적인 느낌으로 예술의 잠재성을 실현할 수 있음을 보여 준다. '우연히 찾음', '우연한 발견'을 뜻하는 영어 'serendipity'가 낯선 타자와의 수고로이 되풀이되는 행위들과 관계들을 지시하는

'cybernetic'과 합쳐진 것은 절묘하다. 이 표현들에는 굳이 '사이보그'라는 난삽한 표현을 참조하지 않아도 되는 날것의 힘이 있다. 하지만 이 전시는 안타깝게도 이러한 미학적인 힘을 어렴풋이 보여 줄 뿐이다. 그렇지만 이는 그 시대를 살면서 그 시대를 설명하려 할 때 우리가 맞닥뜨리는 경험주의적인 한계이기도 하다.

〈사이버네틱 서렌더피티〉는 컴퓨터가 그래픽, 영상, 음악, 그리고 시와 텍스트를 생성하는 현상, 예술작품으로서의 사이버네틱 기계들과 그 환경, 그리고 컴퓨팅 기계들과 사이버네틱스의 역사 등 세 개의 부문으로 구성되었다. 그중에서 고든 패스크의 〈움직이는 것들의 대화Colloquy of Mobiles〉(1968)는 사이버네틱 기계와 환경, 그리고 예술작품의 문제를 주제로 삼는다. 사이버네틱스의 패러다임을 사회과학에 응용하려 했던 패스크는 〈사이버네틱 서렌더피티〉 전시의 이론적 배경을 제공했을 뿐만 아니라 작품을 통해 몇 가지 중요한 미학적 문제를 제기했다.[14]

무엇보다도 그의 작품 〈움직이는 것들의 대화〉는 자신의 '대화이론Conversation Theory'을 감성적 표현으로 변형시킨 것이다. 그의 이론은 의사소통의 값을 메시지 전송의 정합성에서 결정하지 않는 대신, 사회적인 상호교환 행위에 맡김으로써 지식의 일방적인 생산과 소비 논리를 넘어서려 한다. 그의 사이버네틱 이론에서는 인간, 동물, 기계가 각기 개체화된 시스템으로 행동함으로써 복잡하게 반복되는 피드백 아래에서 자신들의 고유한 의도intentionality를

14　G. Pask, "Colloquy of Mobiles", 1968, p. 34f.

성취한다. 그리고 메타 층위에서 그 상호작용 행위들은 몸-감각 신호로부터 표출되어 언어로 변형된다. 행위들의 사회적 구성물이 된 언어에 의해 개체들은 공동체적 신뢰를 유지할 수 있게 된다.[15]

'대화'란 어떤 공동체 구성원들이 상호관계, 즉 사이버네틱 환경에서 성취하는 개체화 과정의 핵심적인 행위 유형이다. 대화의 효과로서 나타나는 메타 층위의 질서(제2질서 사이버네틱스)가 바로 언어이다. 언어는 어떤 필연적인 원칙이나 규칙을 적용하는 사회적인 행위가 아니라, 개체화를 욕망하는 사회 구성원들에 의해 우연히 발생하는 공동체적 인식의 모습을 보인다.[16] 〈움직이는 것들의 대화〉는 대화가 단순히 인간적인 사회적 행위에 제약되지 않는다는 사실을 보여 주고, 더 나아가 인간과 비인간 기계의 관계로부터 어떤 감성적인 메타질서 혹은 유의미한 미적 경험이 창발할 수 있는지를 보여 주려 한다.

〈움직이는 것들의 대화〉는 천장에 매달아 놓은 5개의 구조물로 구성되어 있다. 패스크는 사각형 모양의 가운데 조형물 두 개와 그 주변에 자궁처럼 보이는 조형물 세 개를 배치했다. 그리고 그 구조물 각각에 남성과 여성의 젠더성을 부여하고, 부분적으로 컴퓨터 프로그램과 모터로 움직이게 했다.

이 기계 개체들의 움직임은 빛과 소리 신호를 발산하고, 이 감

---

15 G. Pask, *Conversation Theory*, p.131ff. 그리고 움베르토 마투라나 · 프랜시스코 바렐라, 《앎의 나무》, 236쪽 아래. 이들에게 인간은 '언어-내-존재In-der-Sprache-Sein'이다.

16 M. Rosen, "The control of control", 2008, p. 131ff.

〈그림 3〉 1968년 〈사이버네틱 서렌더피티〉 전에 전시된 고든 패스크의 〈움직이는 것들의 대화〉.

성적 신호 물질은 다시 기계들을 일정하게 작동시키면서 자유로운 운동 패턴으로 표현된다. 천장에 매달린 구조물에서 발생하는 빛과 소리의 대화가 메타 층위에서 물질 운동의 리듬을 불현듯 발생시키는 것이다. 관객으로서 기능하는 인간이 개입하는 순간 그 리듬은 불규칙하게 변화하고 다시 새로운 리듬을 만들어 낼 때까지 운동을 반복한다.

그래서 〈움직이는 것들의 대화〉는 미리 전제된 어떤 전형적인 미학적인 관념에 따른 결과물을 보여 주지 않는다. 오직 젠더 기능만을 욕망하는 개체들의 물질적인 표현들이 예상치 못한 감성적인 효과를 우연히 산출한다. 그 장소에 개입한 인간은 훼방꾼이 되거나 구조물 중 하나가 된다. 그리고 '관객'이라는 개념은 위축되거나 궁극적으로는 사라진다. 인간과 비인간 기계 사이의 사

사회적 기계와 비인간의 미학 |

이버네틱스에서 각자는 서로에 대한 개체이면서 동시에 서로에 대한 환경이 된다. 패스크는 이것이 작가, 작품, 관객이라는 오래된 미학적 삼각형에 비판적인 충격을 줄 수 있을 것으로 보았다. 그리고 이러한 내용을 '미학적으로 잠재적인 힘을 지닌 환경 aesthetically potent environment'이라는 개념으로 설명했다.[17]

〈움직이는 것들의 대화〉에서 작품은 예술이라는 속성이 붙은 실체가 아니다. 그것은 물질적인 상호작용, 즉 대화에 참여하고 있는 존재들의 감성적인 개체화(과정)이다. 예술이라 불렸던 그것은 인간을 포함한 사회적 기계들의 행동이 만들어 낸 효과가 된다. 설치된 구조물들 하나하나가 '예술적인 것'이 아니다. 오히려 그것들이 생성해 내는 제2질서 사이버네틱스의 상태가 '예술적인 것이' 된다. '미학적으로 잠재적인 힘'이란 결국 이 효과를 산출하는 과정들과 관계들의 연속이다.

패스크는 〈움직이는 것들의 대화〉에서 무엇보다도 미학을 예술에 고착시켰던 관성에서 벗어나도록 우리를 자극한다. 이것은 미학에게 그 자신의 과거로, 즉 감성학으로 거슬러 가라고 말하는 것처럼 들린다. 하지만 다른 측면에서는 미학이 감성적인, 정치적인, 경제적인 힘들의 운동으로서 고려되어야 한다는 사실을 보여 주는 것이기도 하다. 왜냐하면 〈사이버네틱 서렌더피티〉 전시장 천장에 매달려 있던 패스크의 사회적 기계들은 이제 과학기술적인 존재로서 우리 주변에서 우리와 함께하고 있기 때문이다.

---

17   G. Pask, "Colloquy of Mobiles", 1968, p.34f.

그런 사회적 기계들은 정치적이며 경제적인 네트워크 위를 달린다. 우리는 그곳에서 과학기술과 연속된 미학-정치를 '우연히 발견'할 수 있을지도 모른다.

사회적 기계 혹은 비인간 기계의 이질성

패스크의 〈움직이는 것들의 대화〉는 단지 예술계 안에서 언급될 수 있는 내용을 넘어선다. 무엇보다도 기계를 감성적인 것들의 교환이라는 상황으로 가져간다. 이것은 전자적인 특성으로 표현된 감각 데이터의 교환과 제어가 사이버네틱스로 설명될 수 있다는 생각의 다른 표현이다. 이러한 기술적인 측면이 〈움직이는 것들의 대화〉를 전시장 바깥으로 이동시킨다. 그것은 '작품'이라고 말하기 이전에 과학기술적 대상이다. 그것에게서 과학기술적인 지식, 물질적인 소재들, 전기모터들, 그리고 엔지니어들이 서로 접속한 어떤 네트워크가 떠오른다. 그리고 이 네트워크에 더해 전시장, 큐레이터, 전시 어시스턴트, 제작비를 제공한 기관, 연구비를 제공한 사람, 심지어 전시장에 관객으로 참가한 왕족 등이 접속된다. 접속의 순서는 중요할 수도 있고 그렇지 않을 수도 있다. 연결은 인간적인 것에서 비인간적인 것을 오가며 연속된다.[18] 그리고 보면 〈움직이는 것들의 대화〉의 작동은 예상하지 못했던

---

18   브뤼노 라투르, 《우리는 결코 근대인이었던 적이 없다》, 홍철기 옮김, 갈무리, 2009, 300쪽.

여러 존재들이 복잡하고 그래서 모호하게 접속한 상태의 효과처럼 보인다.

당시 패스크가 이렇게 거대한 상호작용 네트워크를 포괄적으로 설명하지는 않았다. 하지만 충분히 그는 개체들이 상호작용하는 이 네트워크를 사이버네틱 환경이라고 부르고 싶었을 것이다. 반면 그는 이 요소 가운데서 전형적인 미학적 공간인 전시장·안에서 운동하고 있는 존재들만을, 즉 움직이는 구조물과 인간들의 접속, 그리고 이들이 상호작용하는 환경만을 미학적인(감성적인) 것으로 여겼다. 이것으로부터 그는 작가-관객-작품이라는 전형적인 미학적 도식을 비판하고 혁신할 수 있다는 기대감에 만족했을 수도 있다.

그런데 적어도 기계와의 대칭적 관계를 염두에 두었을 법한 그의 기대는 자신의 의도와 달리 '너무나 인간적인 것들'로 가득 차 있다. 그의 작품 설계에서 구조물들은 젠더 구별이 있어야 한다거나, 전시 공간이나 젠더 특성에 걸맞게, 예컨대 자궁처럼 묘사된 여성 구조물처럼 어떤 전형적인 조형적 특성을 가져야 했다. 게다가 구조물들 각각이 마치 사회적인 관계를 유지하는 것처럼 작동해야 한다는 암묵적인 선입견도 보인다. 물론 패스크가 당대 예술계가 행사하는 압력, 미학적인 선판단, 그리고 동료 전시자들의 작품에 눈감고 귀를 막을 수는 없었을 것이다. 하지만 바로 이러한 조건들이 '인간 관객은 기계들로부터 변형될 수도 있다는 사실'을 상쇄하거나 혹은 은폐한 것은 아니었을까? 그리고 도대체 우리는 왜 기계를 인간과 닮은 것으로 만들고자 하면서 기계의 인간적인 것에 몰두하는 것일까? (이 물음은 양면적이다. 기계를 인간적인 것으로 만들고자 하면서도 아이러니하게 기계의 인간성에 대해 문제삼는다.) 그리고 사회적 기계는 그런 상황과 무슨 관련이 있는 것일까?

안드로이드android나 가이노이드guynoid, 휴머노이드humanoid는 모두 남성 인간, 여성 인간, 그리고 무성 인간의 유사물이 되고자 애쓴다. 독립적인standalone 로봇이든 아니면 복잡하고 거대한 네트워크 시스템의 결절들이든 모든 기계는 인간적인 것을 모방하고 내재화한다. 그것들을 사회적이라고 부르지 않아도 기계는 이미 모두 인간적이다. 엔지니어링의 관점에서 보면, 어떤 기계를 사회적 존재로 본다는 것은 무엇보다도 그 기계가 인간적인 요소를 탑재했다embedied는 것을 뜻한다. 여기서 탑재란 지능, 감각, 지각, 정서, 행동, 언어, 표현, 외모 등과 같은 인간적인 것을 물리적인 기계에 새겨 넣는 것과 같다. 이 새겨 넣음은 작동 메커니즘의 구조적인 층위에서부터, 외양처럼 가시적인 층위에 이르기까지 기계의 거의 모든 부분에서 인간적인 것들이 구현되었음을 뜻한다. 이는 자유로운 물질을 도구성의 틀 안으로 포섭해 들여서 자동으로 작동할 수 있는 것으로 만들며, 따라서 궁극적으로 기계가 작동한다는 것은 사용하기 적합한 것이 되었다는 것이다.

사실상 모든 기계가 인간과 접속 가능한 타자로 보일지라도, 엔지니어링 과정에서라면 그것들은 완전히 '인간적인' 환경이 된다. 결국 도구로서의 기계란 이미 인간적인 것의 내면화이다. 그런 의미에서 사회적 기계라는 표현은 동어반복인지도 모른다. 즉, 인간적인 것의 인간적인 것, 다시 말해서 '인간적인 너무도 인간적인' 것이다.

다른 한편 우리가 익히 잘 알고 있는 것처럼, 도구의 효용성에 집착하는 인간주의적인 희망은 마르크스Karl Marx가 제대로 보았던 것처럼 모든 인간적인 것을 공기 속으로 빨아들여 사물화한다. 그리고 사물화가 완성되고 과잉될 때 그것만으로는, 즉 자본 생산과 소비로 환원되는 인간적인 관계라는 오래된 틀만으로는 이해할 수 없었을 만큼, 기계는 자신의 타자인 인간다움을 변형시킨다. 기계는 인간을 대신해서 자본 생산의 효율성을 극대화했지만 인간은 기계로 인해 위협받는다. 하이데거Martin Heidegger는 사물화가 아니라 기계에 훼손되고 있는 인간 존재의 위협을 우려했다. 그는 현대 기술의 '닦아세움Gestell'이라는 말로 기계의 부속품처럼 작동하고 있는 인간, 기계 선반 위에서 가공되기를 기다리고 있는 인간의 존재 망각을 간파했다. 그는 기계 존재에서 은폐된 존재의 부정성을 본 것이다. 더욱이 그는 이러한 존재 망각에서 벗어나기를 바라면서 더 먼 과거 고대 그리스로, 즉 인간적인 것의 고향으로 회귀하고자 한다. 그런데 그곳에서 그를 기다리고 있는 것은 사실상 인간적인 것의 정수인 예술행위techne이고 작품이다. 너무도 유명한 영화 〈모던 타임즈Modern Times〉(1936)에서 채플린Charles Chaplin은 자본의 생산성을 위해 사물화되고 있는 인간의 비극적인 운명을 특유의 재치로 희화한다. 몇몇 장면이 떠오른다. 조립 생산 라인 앞에서 기계 작동의 속도에 순응하지 못해서 노동자 채플린의 몸이 이상한 히스테리 반응을 보이는 장면, 거대한 기계 속으로 빨려 들어가 톱니바퀴들을 이리저리 계속 통과하는 장면. 감독인 그는 기계로 인해 인간이 참혹히 혹사 당하는 극단적인 상황을 드라마틱하게 묘사하여 계급 모순을 노출시키려 한다. 그러나 그것만이 전부는 아니다. 거의 모든 주요 장면에서 타자로서의 기계가 부정적인 모습으로 표현되고 이를 통해 인간주의적인 이미지가 강조된다.

그런데 이들의 생각 속에서 타자로 나타나는 저 기계는 사실 기술적인 생산물이고 인간적인 결과물일 뿐이다. 인간의 고난은 기계의 탓도 기술의 탓도 아니지 않은가? 하이데거는 엔지니어 들과 다른 방식으로 기계를 인간적인 것으로 재배치한다. 그에게 기계는 인간의 고향으로 귀환하기 위한 개념적인 매개물이다. 또한 〈모던 타임즈〉에서 기계 속으로 인간이 빨려 들어가거나 신경 증적인 증상을 보이는 것은 중의적인 은유이다. '지금 나는 죽고 싶어요. 그러니 나를 살려 주세요' 혹은 '나는 억압받고 있어요, 그래서 다른 사람을 억압해요'처럼, 그것은 다른 말로 말하기이다. 19세기에 장 마르탱 샤르코Jean Martin Charcot가 전도된 사건과 마음 상태를 하나로 엮으면서 히스테리적인 상황이라고 처음 불렀을 때처럼, 거대 기계를 반복적으로 통과하는 채플린은 인간적인 것의 가치를 일깨우면도 기계를 부정적인 것으로 표현한다. 인간과 기계의 연결에서, 인간적인 것(기계)을 인간적인 것(인간적인 가치)으로 부정하는 이런 상황은 무엇일까?

하이데거와 채플린의 기계들은 인간주의적인 자기애의 희생물이다. 즉, '우리는 기계가 되고 싶지 않아요, 그래서 우리는 기계가 되어요.' 제거하고 싶은 대상을 배제하고 부정하려 하지만, 그 대상이 계속 있어야 한다고 반복적으로 긍정하는 이상한 상황. 히스테리적이다. 온전히 인간적인 것으로 남아 있기 위해서는 온전히 인간적이지 못한 것을 부정하면서도 그것을 제거해서는 안 되는 것이다. 기계가 있어야만 비로소 기계 아닌 것으로 남아 있을 수 있다는 생각이다.

그렇다면 이렇게 히스테리적인 상황 속에 불편한 존재로 남은 기계에게서 사회적 기계란 무슨 의미가 있을까? 혹은 기계적인 것이 이미 인간적인 것의 다른 이름이라는 동어반복 속에서 사회적 기계에 대해 무슨 할 말이 있을까? 더욱이 사회적 기계라는 매력적인 의인화anthropomorphism를 흔쾌히 긍정하면서도, 왜 우리는 기계가 너무 인간적이어서 불편하다고 볼멘소리를 하는 것일까?

사회적 기계라는 말에서 생각해 볼 수 있는 것은, 그것이 사회적인(인간적인) 관계라는 지극히 인간적인 관념을 기계에 새겨 넣는다는 것만을 의미하지 않는다는 점이다. 인간과 기계의 연결에서 히스테리적인 복잡성을 제거하고, 관계라는 그 자체만을 놓고 보면 부인할 수 없는 하나가 남는다. 그것은 접속이다. 접속은 그저 접촉이 아니라 '서로 다른 것들이 짝지어짐'을 뜻한다. 그리고 앞에서 언급한 사회적 기계는 기계를 친숙하게 사용한다는 것의 다른 말이다. 그리고 의식되지 않을 만큼 친숙하게 기계를 사용한다는 것은 인간과 기계에서 구성적이고 과정적인 관계를 실현한다는 것이다. 선반(인간적인 것) 위에 누운 인간일지라도 기계적인 가공이라는 과정을 기다려야 하고 또 거쳐야 한다. 그리고 그렇지 않은 기계는 존재할 수 없을 것이다. 왜냐하면 우리의 히스테리컬한 인간주의가 쓸모없거나 쓰기 불편한 도구를 그대로 용납하지는 않기 때문이다.

어떤 논자들은 이러한 인간과 비인간 기계의 관계에서 심바이오시스symbiosis나 공발생syngenetic을 주장한다. 그러나 이들의 마음속 깊숙한 곳 어딘가에는 코스모스 존재론과 같은 인간주의의 유토피아가 자리하고 있다. 한번 생각해 보자. 나는 어쩌다가 한 번도 경험해 본 적 없는 낯설고 좁은 골목을 혼자 걷게 되었다. 아무도 없는 골목길의 맞은편에서 큰 개 한 마리가 이리로 천천히 다가온다. 개의 털에는 지저분한 것들이 잔뜩 묻어 있는데 슬그머니 내 눈길을 피한다. 이런 상황에서 나는 과연 동물과 함께 살아가기 위해, 그리고 그 개가 나에게 친절할 것이라는 확신에 가득 차서 성큼성큼 다가갈 수 있을까? 나는 아무런 두려움 없이 그 개를 흔쾌히 공생을 위한 친구로서 환대할 수 있을까? 이 골목 반대편에서 지능적인 기계가 뚜벅뚜벅 걸어오고 있다고 해도 상황은 마찬가지일 것이다.

접속이라는 관계에서 개체화를 생각해 볼 수 있다. 개체화란 다른 무엇에 영향을 주고받는 존재의 변용이다. 그것이 인간이든 기계든 마찬가지다. 그래서 비인간 기계의 도구주의에 숨겨진 진실이 있다. 그것은 진화의 역사에서 인간 스스로가 처음으로 타자를 길들이고 그것을 도구로 제작하여 사용할 때, 그것의 거칠고 난폭함을 감내해야 했고 또 그것에 길들여져야만 했다. 그런 경험과 기억이 인간에게 있었다. 인간주의야말로 그 경험과 기억을 억압적으로 삭제하려 한다. 그러나 우리가 망치를, 스마트폰을, 로봇을 사용하려 한다면, 우리 인간에게는 반드시 도구와 비인간 기계의 흔적들이 끝없이 기입될 것이다. 비인간 기계는 두려운 방식이든 친숙한 방식이든 인간을 변형시킨다. 기계의 사회성 혹은 사교성이란 말끔히 정리해 놓은 인간적인 표현일 뿐이다. 그리고 이 표현 속에서 우리의 손이 우리 자신의 눈을 가린다.

도나 해러웨이Donna Haraway는 캐리 울프와의 인터뷰에서 존재 생성은 고독한 것이 아니라고 말한다. 그러면서 나와 타자, 인간과 동물, 인간과 기계의 '더불어되기becoming-with'를 제안한다.[19] '더불어되기'는 사이버네틱스와 여성의 혼종에 기대어 신랄한 비판을 서슴지 않았던 그녀가 포스트휴머니즘을 우회해서 타자를 배려하려는 의도로 사용한 표현이다. 그러나 그 말에는 자칫 코스모스를 꿈꿔 왔던 인간주의로 비인간 타자를 포획하려는 줄타기의 위험이 도사리고 있다. 물론 노련한 논객인 해러웨이는 '접속'이 가진 모순적인 상황과 마찬가지로 '더불어 생성'이 독이자 약인 파르마콘이라고 말함으로써 이런 위험을 해소하려 하지만 말이다.

결론적으로 사회적 기계, 기계들과의 연결, 그리고 메타연결에 이르기까지, 인간과 비인간 기계의 무한한 연결은 초과연결의 질서를 만들어 낼 것이다. 초연결은 개체화하는 기계가 없다면 도래하지 않을 현재일 것이다. 힘들의 주고받기, 타자와 관계 맺기

---

19   도나 해러웨이,《해러웨이 선언문》, 황희선 옮김, 책세상, 2019, 274쪽.

의 유동하는 흐름에서 인간은 가변성을 경험할 것이고, 변형될 것이고, 끝내는 비인간 기계의 이질성을 자신에게 기입할 것이다. 패스크의 미학적인 기계는 인간과 비인간 기계의 초연결이 블랙박스처럼 경험될 수도 있다는 사실을 역설적으로 보여 준다. 그것은 감성, 행위성, 반복해서 되돌아오는 관계의 특성들이 이질성을 완화할 것임을 말해 주고 있다. 작품처럼 감성적으로 다가오는 기계에서 우리는 기계의 이질성을 의식하지 못할 것이기 때문이다. 블랙박스를 뜯었을 때처럼 초과연결의 끝은 언제나 우리가 기대하거나 예상하지 못한 충격적인 미래일 것이다. 이것은 지금 우리가 경험하고 있고 경험한 수많은 사회적 기계들의 과거로부터 주어지는 미래이다.

참고문헌

브뤼노 라투르, 《우리는 결코 근대인이었던 적이 없다》, 홍철기 옮김, 서울: 갈무리, 2009.

브라이언 마수미, 《가상과 사건》, 정유경 옮김, 서울: 갈무리, 2016.

루이스 멈포드, 《기계의 신화: 기술과 인류의 발달》 1권, 유명기 옮김, 서울: 아카넷, 2013.

로드니 브룩스, 《로드니 브룩스의 로봇만들기》, 박우석 옮김, 서울: 바다출판사, 2005.

도나 해러웨이, 《해러웨이 선언문》, 황희선 옮김, 서울: 책세상, 2019.

Clark, A., *Being there: Putting brain, body, and world together again*. Cambridge Mass.: MIT press, 1997.

Breazeal, Cynthia, "Toward sociable robots", *Robotics and autonomous systems* 42.3, 2003, pp.167-175.

Brooks, Rodney A., "Intelligence without representation", *Artificial intelligence* 47.1, 1991, pp.139-159.

Fong, Terrence, Illah Nourbakhsh, and Kerstin Dautenhahn, "A survey of socially interactive robots," *Robotics and autonomous systems* 42.3, 2003, pp.143-166.

Lee, Jae-Joon et al., "Esthetic interaction model of robot with human to develop social affinity", *International Journal of Advanced Robotic Systems* 14. 4, 2017, p. 1-16.

Noë, A., *Action in perception*, Cambridge Mass.: MIT press, 2004.

Pask, G., "Colloquy of Mobiles," in: Jasia Reichardt, ed., *Cybernetic Serendipity-the computer and the arts*, London: Studio International, 1968, pp.34-35.

Pask, G., *Conversation theory. Applications in Education and Epistemology*, 1976.

Picard, R. W., "Affective computing: challenges", *International Journal of*

Human-Computer Studies 59.1, 2003, pp.55-64.

Rosen, M., "The Control of Control. Gordon Pask's kybernetische Ästhetik", in: Ranulph Glanville and Albert Müller, eds., *Pask Present– An Exhibition of Art and Design Inspired by the Work of Gordon Pask, Cybernetician and Artist*. edition echoraum, Wien, 2008, pp.131-191.

Reeve, R. & Webb, B. (2002) "New neural networks for robot phonotaxis", *Philosophical Transactions of the Royal Society* A 361, 2002, pp.2245-2266

Webb, B., "Robots, Crickets and Ants: models of neural control of chemotaxis and phonotaxis", *Neural Networks* 11, 1998, p. 1479-1496.

〔X-족〕 신어에 투영된 초연결시대 우리들의 삶

정성미

이 글은 《어문론집》 84(2020)와 《인문언어》 22(2)(2020)에 실린 글을 보완하여 재수록한 것이다.

들어가기

이 글은 사람 신어新語 중 조어력이 가장 활발한 [X-족] 신어의 사회문화적 의미를 고찰함으로써, 초연결시대 우리의 삶을 [X-족] 신어 중심으로 살펴보고자 한다.

'신어'란 새로운 사물, 개념 등을 지칭하기 위해 새로 만든 말로 '신조어', '새말'이라고도 한다. 신어는 시대의 세태, 갈등, 심리, 문화와 같은 사회현상을 반영하고 있어 신어를 통해 그 시대 언어 사용, 구성원의 가치관, 사회문화적 의미를 살펴볼 수 있다.

이 글의 대상인 [X-족] 신어는 선행 요소 X와 접미사 '-족'으로 구성된다. '-족'의 사전적 정의는 '민족'의 뜻을 더하는 접미사, 또는 '그런 특성을 가지는 사람이나 사물의 무리'나 '그 무리에 속하는 사람이나 사물'의 뜻을 더하는 접미사이다. 한자 뜻으로는 겨레, 일가一家, 친족, 무리(모여서 뭉친 한동아리)의 의미를 지닌다. 접미사 '-족'은 무리, 무리에 속하는 사람을 의미하고 선행 요소 X에 의해 '그런 특징'이 정해진다.

이 글에서 [X-족]에 주목한 이유는 첫째, [+사람] 신조어 중

---

1 국어사전에 신조어와 같은 말로 "새로 생긴 말"로 정의하고 있으며, 언어학사전에서는 새로운 단어뿐 아니라 "존재하고 있던 단어지만 어떤 새로운 의미를 부여받았을 경우, 그 외에도 외국어 또는 전문 분야, 특수한 사회집단의 용어로부터의 차용어, 그리고 과거에 사용되었다가 소멸된 뒤 다시 새로이 쓰이기 시작한 단어 등이 포함된다"라고 하였다. 김환 · 임진희, 〈신조어를 활용한 사회적 현상 아카이빙 방안 연구〉, 《기록학연구》 52, 2017, 324쪽. "새로 생긴 말을 의미하며 넓게는 이미 존재하는 말이라도 새로운 의미로 사용되는 것까지 일컫고 사회의 변화와 발전에 따라 새로운 개념이나 현상, 사물 등의 등장으로 새롭게 만들어진 말"이라고 하였다.

[+복수]의 의미를 지닌 '족'의 신어 생산성 때문이다[2]. 박동근(2012)은 통신언어가 인터넷 공간에서 새로운 특징을 지닌 인간상을 범주화하는 경향[3]을 지적하였는데, 이에 가장 부합하는 신어가 [X-족] 신어이다. 둘째, [X-족]이 1994년 '신어 자료집'에서부터 시작하여 2010년대에 고르게 신어 형성에 기여하였기 때문이다(〈표 1〉 참조).[4] 그러므로 사회 변화의 양상을 잘 보여 줄 수 있다.[5]

〈표 1〉 [X-족]의 생성 추이

2010	2012	2013	2014	2015	2016	2017	2018	2019
50	14	21	35	13	26	30	29	24

[X-족] 신어 연구는 '사람' 관련 신어 연구에서 부분적으로 다뤄지거나 단기간 동안의 연구에서 논의되었다.[6] [X-족] 신어만을

---

2 손춘섭(2012)은 [+사람] 신어 중, [+사람], [+복수]의 신어 형성 접사 중 '족'의 신어 생산성에 주목하였고, 김정아 외(2013)도 [+사람] 신어는 접미파생어의 수가 가장 많은데 접미사로는 [X-족]이 가장 많이 쓰였다는 점을 지적하였다.

3 박동근(2012:29)

4 강희숙(2015:14)

5 임욱정(2016:313)은 'X족'은 사회 발전, 변화와 가장 밀접한 단어들 중 하나라고 하였다.

6 김정아 · 김예니 · 이수진(2013)은 2002, 2003, 2004, 2005, 2012년 [사람] 신어 자료를 대상으로 한다. 강희숙(2015)은 2012~2014년 사람 관련 신어들의 유형 및 특징을 살피고 있다. 남길임 · 송현주 · 최준(2015)은 2012년과 2013년에 생성된 사람 신어를 연구 대상으로 하고 있다. 이진성(2017)은 신어에 반영된 사회문화적 변화에 대한 연구이다. 2012~2016년의 신어 2,048개를 중심으로 빈도와 성격을 통해 사회문화상을 살펴보고, 분야별 빈도의 변화가 반영하는 사회의 흐름에 대해 고찰하였다.

대상으로 하는 연구에 조어론 연구[7]가 있기는 하지만, (X-족) 신어의 사회문화적 의미를 다룬 연구는 임욱정(2016)뿐이다. 그러나 임욱정의 연구(2016)도 2013~2014년에 한정되어 있어서, 지속적으로 활발하게 생성된 (X-족) 신어의 사회문화적 의미를 전체적으로 살펴보는 데는 한계가 있다. 그러므로 2010년대 (X-족) 신어 속에 투영된 사회문화적 의미를 연구하는 것에 의의가 있다. 이 글에서는 2010년대 국립국어원 신어 자료집의 (X-족)을 연구 대상으로 하여,[8] 2010년대 (X-족) 신어가 사람들의 모습을 어떻게 반영하고 있는지 살필 것이다.

2010년대는 특히 스마트폰 시대로 명명할 수 있는 시기[9]로, 한국에서 본격적인 초연결시대에 해당된다. 초연결사회[10]는 초연결성을 지닌 사회로, 초연결성은 인터넷 네트워크에 의한 인간을 중심으로 한 연결이 사람→사물→데이터, 프로세스→시간과 공간, 지식 등 지구상의 모든 요소로 확장되어 가는 일련의 과정으로 정리된다(유영성 2014). 이 글은 초연결사회라는 말로 '초연결'을

---

7 양문아, 〈신어 '-족' 파생어의 원형효과로 본 파생법 습득모형 고찰〉,《어문론총》70, 2016, 65~80쪽.

8 2011년도에는 국립국어원에서 신어자료집을 조사하지 않아서 2011년도는 제외한다.

9 이진성, 〈신어에 반영된 사회문화상과 변화의 양상〉,《사회언어학》25(4), 2017. 2012~2016년의 신어 2048개를 중심으로 빈도와 성격을 통해 사회문화상을 살펴보고, 분야별 빈도의 변화가 반영하는 사회의 흐름에 대해 고찰하였다. 2002~2006년 컴퓨터시대와 2012~2016년 스마트폰시대로 특징짓는 두 시기의 신어를 비교하였다. 아날로그에서 디지털로의 변화 과정에서 신어는 이 과정을 어떻게 수용하고 반영하는지 살펴본 연구이다.

10 '초연결 사회Hyperconnected Society'라는 말은 가트너사Gartner, Inc.(미국의 정보기술 연구 및 자문회사)가 최초로 사용하였다고 한다

규정하기 어렵다고 보고, 한 사회의 현상으로서의 초연결이 아닌 상당한 기간 동안 진행되는 현상이라는 의미로 초연결시대라 하였다.[11]

이 글은 우선 신어 분류의 기준을 제시하고, 시리즈로 조어되는 신어를 일종의 밈 현상으로 보고 그 유형에 대해 설명할 것이다. 그 다음 (X-족)이 생성된 사회문화적 의미를 살펴보기 위해 연령별, 성별, 의식주생활과 환경, 경제와 교육, 문화 등 분야별로 구분하여 그 특징을 살펴보고 밈 현상과 유사하게 반복재생, 확대되는 양상으로 조어된 (X-족)의 몇 가지 예를 살펴볼 것이다. (X-족) 신어가 쓰인 사회문화적 의미와 함께 2010년대, 초연결시대 우리의 삶의 양상을 분석해 보고자 한다.[12]

신어의 유형 분류

'신어 자료집'에서는 신어를 일상어와 전문어로 분류하는데,[13]

---

11 김휘택, 〈초연결 시대의 인간 경험과 지식에 대한 일고찰〉, 《문화와 융합》 40(8), 2018, 902~3쪽.

12 이 연구의 한계는 (X-족) 신어를 2010년대 (+사람) 신어 전체 구조 내에서 살피지 못한 점이다. 이를 후속 연구로 남겨두고, 본고에서는 (X-족) 신어만을 연구 대상으로 하였다.

13 국립국어원, 《2010년 신어 자료집》, 국립국어원, 2010; 국립국어원, 《2012년 신어 자료집》, 국립국어원, 2012; 국립국어원, 《2013년 신어 기초조사자료》, 국립국어원, 2013; 국립국어원, 《2014년 신어》, 국립국어원, 2014; 국립국어원, 《2015년 신어》, 국립국어원, 2015; 국립국어원, 《2016년 신어 조사 및 사용 주기 조사》, 국립국어원,

[X-족] 신어는 대부분 일상어에 해당하기 때문에 분야별로 분류되어 있지 않다.

이 글에서는 2010년대 [X-족] 신어의 뜻풀이를 근거로 대상별·분야별로 대분류를 하고, 다시 대상별은 연령별과 성별로, 분야별은 의식주생활 영역, 환경, 경제, 교육, 문화 분야로 중분류하였다. 대상별에서 연령별, 성별 외에 강세를 보이는 계층인 직장인 관련 [X-족] 신어를 포함하였다. 문화 분야는 강세를 보이는 문화를 중심으로 디지털 문화, 일인가구 문화, 쉼과 취미생활 문화로 분류하였다.

시리즈 조어의 밈 현상

'밈meme'은 진화생물학자 리처드 도킨스Richard Dawkins의 용어로, 온라인에서 재미있는 말과 행동을 모방하거나 재생산하는 것을 의미한다. 임욱정(2016:323-24)은 [X-족]을 'vocabulary meme'으로 설명하였다. 그 근거로 [X족] 틀을 통한 단어 형성의 간편성, [X족] 신어에 나타난 사고방식과 언어 관습을 살필 수 있는 점, 사회 변화와 사회 발전과 연관되는 점을 들었다.

이 글에서는 [X-족] 중에서 X의 일정 부분을 고정시키고 나머지 부분을 교체하면서 신어를 활발히 만드는 시리즈형 신어류인

2016; 국립국어원,《2017년 신어 조사》, 국립국어원, 2017; 국립국어원,《2018년 신어 조사》, 국립국어원, 2018; 국립국어원,《2019년 신어 조사》, 국립국어원, 2019. 전문어는 건설, 법률, 미술, 출판 등 47개 분야로 구분하여 제시하였다.

〔X〔혼X〕-족〕류, 〔X〔편X〕-족〕류, 〔X〔X캉스〕-족〕류에 주목하여 이들의 반복재생 양상을 살펴보았다. 그리고 이 반복재생, 확대되는 양상이 〔X〔혼X〕-족〕류, 〔X〔편X〕-족〕류, 〔X〔X캉스〕-족〕류의 사회문화적 의미와 어떤 연관이 있는지를 살펴보았다.

한편, 반복되는 형태가 접두 형태인 경우와 접미 형태인 경우로 구분하면, 전자에는 〔X〔혼X〕-족〕류, 〔X〔편X〕-족〕류가 해당되고 후자에는 〔X〔X캉스〕-족〕류가 해당된다. 또한 반복재생되는 것이 형태냐 형태와 의미 두 영역에서 다 이루어지느냐에 따라 구분하면, 전자에는 〔X〔편X〕-족〕류와 〔X〔X캉스〕-족〕류, 후자에는 〔X〔혼X〕-족〕류가 해당된다. 이 두 기준을 가지고 I, II, III 유형으로 살펴보았다.

〔X-족〕 신어 유형: 연령별, 성별, 기타 계층

연령별

〔X-족〕 신어 중 연령을 반영한 신어들이 있다. 〔X-족〕 신어에는 20대, 30대, 40대, 50대, 노년층과 연관된 신어들이 있으며, 20~30대를 아우르는 젊은 세대와 노년층을 반영한 신어들이 많았다.

젊은 세대, 젊은이와 연관된 신어들에는 (1)이 있다.

(1) ㉠ 도시락족(2010),[14] 알부자족(2010),[15] 범엔지족(2010)[16]

   ㉡ 서울족(2010),[17] 토폐족(2010),[18] 케이티엑스폴족(2010)[19]

　(1)㉠은 젊은 세대 중 대학생에 해당되는 신어이다. [X-족] 신어 속 대학생들은 '어려운 경제 사정'으로 아르바이트를 하면서 '도시락을 싸서' 다니고, '부족한 학자금을 충족'시켜야 하고 '취업 전까지 졸업을 유예'해야 하는 상황에 처해 있다. 비싼 등록금과 취업에 대한 두려움으로 졸업을 미루는 등 이중의 부담 가운데 있는 대학생들의 현실을 반영하고 있다.

　(1)㉡의 신어에는 취업을 위해 지나칠 정도로 토익 점수를 올리려고 노력하고 면접을 보기 위해 상경하거나 직장을 구하는 젊은 세대들의 모습이 반영돼 있다. 또한 취업난으로 인해 부모에게서 독립하지 못한 모습을 반영하는 신어들이 많았다.

　[X-족] 신어에는 젊은 세대 중 주로 대학생이 반영되어 있어서, 대학생이 아닌 20대의 삶은 소외되어 있음을 볼 수 있다.

14　어려운 경제 사정으로 인해 도시락을 싸서 들고 다니는 대학생.

15　아르바이트를 하면서 부족한 학자금을 충족시켜야 하는 대학생.

16　휴학을 하거나 학점을 고의로 채우지 않는 방법으로 취업 전까지 졸업을 미루는 학생과 졸업 유예제도를 이용하며 졸업을 미루는 학생들을 통틀어 이르는 말.

17　취업 때문에 지방에서 상경해 서울에서 직장을 구하는 일을 하는 젊은이. 또는 그런 무리.

18　토익 점수를 올리기 위해 지나칠 정도로 노력을 하는 사람. 또는 그런 무리.

19　지방에서 거주하면서 서울에서 진행되는 면접 전형에 참가하기 위해 케이티엑스 KTX로 동행하는 사람들. 또는 그런 무리.

(2) ㉠ 트윅스터족(2010)[20]

㉡ 패러사이트싱글족(2010),[21] 신-캥거루족(2012),[22] 리터루족(2016)[23]

㉢ 갓수족(2014),[24] 엄카족(2017)[25]

(2)㉠은 부모님에게서 독립하지 못한 젊은 세대들의 모습을 반영한 신어이다. ㉡에서는 경제적인 이유로 독립하지 않고, 자기만의 독립적인 삶을 위해서 자립이 가능하지만 부모에게 집값을 내고 같이 살거나 다시 부모의 집으로 돌아오는 모습 등 다양한 양상을 살펴볼 수 있다. ㉢에서는 부모의 경제적 능력에 기대어 여유롭고 풍족한 생활을 하는 젊은 세대의 모습을 확인할 수 있다. 취업난 등으로 인해 부모에게서 독립하지 못하는 것은 같지만, 부모의 경제 상황에 따라 젊은 세대들의 삶에 격심한 차이가 있음을 신어에서도 확인해 볼 수 있다. 이러한 양상은 30대 이후에도 장기화되기도 하는데 이를 반영한 (3)도 있다.

---

[20] 성인이 되어도 부모님으로부터 독립하지 못하고 의존하며 살아가는 사람. 또는 그런 무리(betwixt and between).

[21] 독립할 나이가 됐지만 경제적 이유로 부모 집에 그냥 얹혀살면서 자기만의 독립적인 생활을 즐기는 사람. 또는 그런 무리.

[22] 경제적으로는 자립했지만 독립하지 않고 부모에게 집값을 내고 부모와 함께 사는 자녀를 비유적으로 이르는 말.

[23] 성인이 되어 독립했지만 다시 부모의 집으로 돌아와 부모에게 의지하는 사람. 또는 그런 무리.

[24] 경제활동을 하지 않고 부모가 주는 용돈으로 직장인보다 풍족한 생활을 하는 사람. 또는 그런 무리.

[25] 엄마의 카드를 사용해서 물건 따위를 사며 여유로운 소비를 하는 사람. 또는 그런 무리.

(3) 빨대족(2013): 30대 이후에도 부모로부터 독립하지 못하고 경제적으로 도움을 받는 사람. 또는 그런 무리.

10대, 30대, 40대, 중장년층에 해당되는 신어는 그 예가 적다.

(4) ㉠ 밈족(2017)[26]
　　㉡ 얼리 힐링족(2017)[27]
　　㉢ 영포티족(2017)[28]
　　㉣ 더블 케어족(2018)[29]

(4)㉠은 10~20대의 어린 소비자를 일컫는 말이다. 10대만을 지칭하는 [X-족] 신어는 없다. ㉡의 얼리 힐링족은 자신이 행복하게 사는 것을 최우선으로 생각하는 30대를 의미하는데, 이는 2010년 초 취업난 속에서 부모에 의존하여 살았던 20대와 연관해서 보면, 어려운 상황에서도 행복을 최우선으로 생각하는 30대 모습을 반영하는 것으로 볼 수 있다. ㉢의 영포티족은 젊게 사는 40대, ㉣의 더블 케어족은 성인 자녀와 노부모를 동시에 부양해야 하는 중장년층의 모습을 반영한다. 영유아에 해당하는 [X-족]

26　주로 10대나 20대의 어린 소비자로, 물품을 구입할 때 주변 환경이나 유행에 민감하게 반응하여 다양한 브랜드를 추구하는 사람. 또는 그런 무리.
27　자신이 행복하게 사는 것을 최우선으로 생각하는 30대의 사람. 또는 그런 무리.
28　젊게 사는 40대의 사람. 또는 그런 무리.
29　성인 자녀와 노부모를 동시에 부양하는 중장년층에 속하는 사람. 또는 그런 무리.

신어가 없고, 10대만을 단독으로 지칭하는 〔X-족〕 신어도 없다. 젊은 세대와 함께 신어에 많이 등장하는 세대는 노년층이다.

(5) ㉠ 시니어 엄지족(2018),[30] 어모털족(2013),[31] 실버싱글족(2010)[32]
　　㉡ 피딩족(2015),[33] 렉카족(2016),[34] 황혼육아족(2014)[35]

(5)㉠ 신어 속 노년층은 '빠른 속도로', '젊은 사람들 못지않게', '적극적'으로 정보를 검색하고, 모바일쇼핑을 즐기며, 왕성한 활동을 하고, 적극적으로 짝을 찾는 등 활발하게 활동하며 살고 있다. 즉, 초연결사회의 변화에 잘 적응하는 노년층의 모습을 반영하고 있다. 또한 ㉡ 신어 속 노년층은 '경제적으로 여유가 있고', '노령연금을 이용해' '경제적으로 지원하는' 등 경제적으로 여유가 있으며 손주를 직접 키우거나 경제적으로 지원하는 등 가족 내에서 적극적인 조부모로서의 역할을 담당하고 있다. 이 또한 초연결사회 가족 내에서 자기 역할을 하고 있는 노년층의 모습을 반영한다.

30　빠른 속도로 문자 메시지를 전송하거나 정보를 검색하며 모바일 쇼핑을 즐기는 등, 모바일을 잘 활용할 수 있는 노인. 또는 그런 무리.
31　고령임에도 젊은 사람들 못지 않게 왕성한 활동을 하는 사람. 또는 그런 무리.
32　사별, 이혼 등으로 홀로된 후 적극적으로 짝을 찾는 노인. 또는 그런 무리.
33　손주를 돌볼 때 경제적으로 여유가 있고 육아를 즐기며 활동적이고 헌신적인 조부모. 또는 그런 무리.
34　노령연금을 이용해 자식이나 손주를 경제적으로 지원하는 사람. 또는 그런 무리.
35　손주를 직접 키우는 조부모. 또는 그런 무리.

노년층이 처한 어려운 상황 등 부정적 측면의 현실 문제들은
〔X-족〕에 잘 반영되어 있지 않다. 어려운 상황의 노년층이 조명
받지 못한 채 소외되고 있음을 볼 수 있다.

성별

〔X-족〕 신어를 성별 기준으로 분류하면, 우선 여성을 의미하는
신어는 다음과 같다.

(6) ㄱ 갸루족[36](2010)

ㄴ 나오머족(2012),[37] 미세스주스족(2014),[38] 미세스커피족
(2014),[39] 안전맘족(2016),[40] 어번그래니족(2015)[41]

ㄷ 줌마성형족(2014)[42]

(6)ㄱ의 갸루족은 '특이한 복장'을 한 여학생을 가리킨다. 패션
이 화려한 일본 여성처럼 꾸민 여학생을 의미한다. ㄴ은 '안정된

---

36 특이한 복장을 한 여학생을 이르는 말. 짙은 눈화장, 까맣게 태운 피부, 헤어스타일과
　　패션이 화려한 일본 여성을 통틀어 이른다.

37 안정적인 경제력을 바탕으로 여러 가지 분야에 대한 지식과 능력을 갖춘 30~40대 여
　　성 또는 그런 무리.

38 주스를 살 때 물이나 첨가물을 섞지 않고 생즙으로 만든 주스만 고집하는 결혼한 여
　　성 또는 그런 무리.

39 쇼핑을 하면서 테이크아웃 커피를 즐기는 결혼한 여성 또는 그런 무리.

40 자녀의 안전을 위하여 재난 안전 교육을 받고 안전지도사 자격증을 취득하고자 하는
　　어머니 또는 그런 무리.

41 도시적이고 세련된 할머니 또는 그런 할머니들의 무리.

42 아름다워지기 위해 성형외과를 찾는 아줌마 또는 그런 무리.

경제력'으로 '지식과 능력을 갖춘' 30~40대 여성, 자녀의 안전을 위해 '안전지도사 자격증을 취득하는' 어머니, 합리적이고 세련된 취향을 지닌 기혼 여성들과 할머니 등 다양한 연령층의 주체적인 여성의 모습이 담긴 [X-족] 신어이다. ⓒ은 성형 관련 신어이다.

(7) 트리밍족(2017),[43] 그루답터족(2017),[44] 뉴맨족(2014),[45] 여미족 (2014)[46]

(7)은 남성을 의미하는 신어이다. (7)의 신어에는 '외모에 신경'을 쓰고, '신제품을 구매'하고, '소비에 적극적이고 확고한 취향을 갖는' 등 외모와 패션에 관심이 많고 취향이 확실한 남성의 모습이 반영되어 있다. 여성 [X-족] 신어에 비해 남성 [X-족] 신어는 외모, 패션, 소비 등 제한된 면이 부각되고 있어서 소극적인 남성의 일면을 보여 준다는 특징이 있다.

기타 계층, 직장인

특정 계층 중 직장인과 연관된 신어들은 다음과 같다.

---

43 수염, 코털, 눈썹 등을 깎고 다듬는 일에 신경을 쓰는 남자. 또는 그런 무리.
44 다른 사람보다 먼저 패션이나 미용과 관련된 신제품을 구매하여 외모를 가꾸는 남자.
45 확고한 취향을 가지고 자신을 위한 소비에 적극적이면서 이에 대한 의사를 확실하게 표현하는 젊은 남성. 또는 그런 무리.
46 도시에 거주하는 젊은 남성. 주로 외모나 패션 따위에 관심이 많은 남성을 일컫는다.

(8) ㉠ 잡노마드족(2010),[47] 파랑새족(2010)[48]

  ㉡ 오피스브런치족(2012),[49] 런치투어족(2012),[50] 출장족(2013),[51] 퇴장족(2013),[52] 출퇴근쇼핑족(2014),[53] 편퇴족(2017)[54]

  ㉢ 유피스족(2010),[55] 비와이오디족(2013)[56]

  (8)㉠은 '더 나은 직장', '더 좋은 조건의 직장'을 찾아 이리저리 이직을 꿈꾸는 직장인의 모습을 반영하고 있다. ㉡에는 직장인들이 출퇴근 시간, 점심시간을 활용하여 식사를 해결하고 공부 · 쇼핑 · 운동 등을 하는 바쁜 일상이 담겨 있다. 이를 해결하기 위해 스마트폰을 활용하고, 편리한 편의점 공간을 이용하고 있는 모습을 확인할 수 있다. ㉢에는 노트북, 스마트폰, 태블릿을 이용하여 '장소나 시간에 구애받지 않'는 유비쿼터스, 디지털화된 직장인들

---

47 더 나은 직장을 찾거나 직장에 적응하지 못하여 직장을 이리저리 옮겨 다니는 사람. 또는 그런 무리.

48 더 좋은 조건의 직장으로 이직을 꿈꾸는 사람. 또는 한 직장에 오래 정착하지 못하고 이리저리 이직을 하는 사람.

49 사무실에서 아침 겸 점심 식사를 하는 직장인. 또는 그런 무리.

50 점심시간에 식사를 하지 않고 공부, 쇼핑, 운동 등의 개인적인 볼일을 보는 직장인. 또는 그런 무리.

51 스마트폰을 이용해 출근길에 장을 보는 사람. 또는 그런 무리.

52 스마트폰을 이용해 퇴근길에 장을 보는 사람. 또는 그런 무리.

53 출퇴근을 하면서 쇼핑을 하는 사람. 또는 그런 무리.

54 퇴근하면서 편의점에 들려 가볍게 먹을 음식 따위를 사는 사람. 또는 그런 무리

55 노트북을 이용해 장소에 구애받지 않고 각종 업무를 유비쿼터스 환경에서 편리하게 처리하는 사람. 또는 그런 무리.

56 노트북, 스마트폰, 태블릿 따위로 장소나 시간에 구애받지 않고 회사 업무를 처리하는 사람. 또는 그런 무리.

[X—족] 신어에 투영된 초연결시대 우리들의 삶 |

의 업무 환경과 방법이 반영되어 있다.

이는 유영성(2014:2)이 언급한 C세대connection generation의 모습 그 대로이다. 유영성(2014:2)은 거대한 양의 정보를 생산·소비하며 '연 결'을 지향하는 C세대가 출현하여 성장하고 있다고 하였다. 태어 날 때부터 마우스를 쥐고 태어났다고 하여 디지털 네이티브digital native라고 불리는 C세대는 현재 대학이나 직장 생활을 하고 있으며 연결 등을 통한 소비생활을 영위하고 있다. 연결의 핵심 수단인 모 바일 기기를 활용한 콘텐츠 중심 소비가 일상화된 세대이다.

[X-족] 신어 유형: 분야별

[X-족] 신어들을 의식주생활 분야, 경제·교육·환경 분야, 문화 분야로 분류하여 사회언어학적 의미를 살펴보았다.

의식주생활 분야

(9) ㉠ 노타이족(2010),[57] 노힐족(2012),[58] 런피스족(2014),[59] 이너 뷰티족 (2018)[60]

---

57 와이셔츠에 넥타이를 매지 않은 차림의 사람. 또는 그런 무리.
58 굽이 높거나 불편한 신발을 신지 않고 편한 신발을 신고 생활하는 사람.
59 원피스를 입고 러닝화를 신은 사람. 또는 그런 무리.
60 먹는 화장품으로 신체 내부에서부터 건강한 피부를 가꾸는 사람. 또는 그런 무리

ⓛ 삭발족(2010),[61] 스키니족(2010)[62]

(9)는 의생활과 관련된 [X-족] 신어이다. (9)㉠은 불편한 스타일을 버리고 편하고 자유로운 의생활을 추구하는 경향을 반영한다. 넥타이를 매지 않고, 굽이 높은 신발을 신지 않고, 원피스에 편한 운동화를 신으며, 실속 있게 건강을 지키면서 미를 지켜 나가는 사람들의 모습이 투영되어 있다. (9)ⓛ은 독특한 헤어스타일과 옷을 즐기는 사람들을 의미한다.

(10) ㉠ 혼밥족(2014),[63] 홈쿠킹족(2010),[64] 편도족(2015)[65]
　　　 ⓛ 딘치족(2015),[66] 브런치족(2010)[67]
　　　 ⓒ 푸스펙족(2018)[68]

(10)㉠의 2010년대 사람들은 혼자 집이나 편의점에서 음식을 만들고 먹는다. 이 유형의 [X-족] 조어는 시리즈로 조어된 조어력이 강한 신어들이다. ⓛ은 점심과 저녁, 아침과 점심 중간에 식사를 하는 사람

61　머리털을 남기지 않고 깎는 사람. 또는 그런 무리.
62　스키니 바지를 즐겨 입는 사람. 또는 그런 무리.
63　평소 혼자서 식사는 하는 사람. 또는 그런 무리.
64　집에서 가족과 함께 요리를 만들어 먹는 사람. 또는 그런 무리.
65　'편의점 도시락족'을 줄여 이르는 말.
66　점심 시간과 저녁 시간 사이에 점심과 저녁을 겸해서 밥을 먹는 사람. 또는 그런 무리.
67　아침 겸 점심 식사를 하는 사람. 또는 그런 무리.
68　좋은 음식을 섭취하기 위해 음식의 제조일자, 각종 원료의 출처 및 영양소 함량 따위를 꼼꼼히 살펴보는 사람. 또는 그런 무리.

들을 의미한다. ⓒ은 좋은 음식을 섭취하기 위해 꼼꼼하게 제조일자, 영양소 등을 살펴보는 스마트한 소비자의 모습을 보여 준다.

〔X-족〕 신어에 자주 등장하는 공간 중 하나는 집이다. 집 공간과 연관된 〔X-족〕 신어의 X에 집과 홈의 두 형태를 포함하는 구조인 〔X〔홈-X〕족〕, 〔X〔집-X〕족〕이 있는데, 〔X〔홈-X〕족〕이 수적으로 더 우세하다.

(11) ㉠ 홈쿠킹족(2010),[69] 홈캉스족(2010),[70] 홈소싱족(2019),[71] 홈디족(2019),[72] 홈루덴스족(2018)[73]

ㄴ 집캉스족(2018),[74] 집안여가족(2016)[75]

(11)은 공통적으로 홈 형태와 각각 쿠킹, 소싱, 디저트 등의 형태 전체 혹은 일부와 결합된 〔X-족〕 신어이다. 가족문화나 경제적 이유 등으로 '자발적으로 집에 머무는 것을 즐기는 사람들', 일상을 즐기면서 삶의 에너지를 공급받고 누리는 공간으로서의 집을 반영하고 있다.[76] ㄴ은 홈 대신 집 형태가 결합된 〔X-족〕 신어

---

69 집에서 가족과 함께 요리를 만들어 먹는 사람. 또는 그런 무리.

70 집에서 바캉스를 즐기는 사람. 또는 그런 무리.

71 밖에서 하던 일을 집에서 해결하는 사람. 또는 그런 무리.

72 집에서 디저트를 즐겨 먹는 사람. 또는 그런 무리.

73 집에서 하는 놀이를 즐기면서 편안하게 휴식을 취하는 사람. 또는 그런 무리.

74 집에서 편안하게 휴식을 취하며 휴가를 보내는 사람. 또는 그런 무리.

75 야외 활동을 줄이고 집에 머물면서 여가를 즐기는 사람. 또는 그런 무리.

76 장희정. 〈우리 집을 누린다…집돌이·집순이의 진화 '홈족'〉. 《경향신문》 2019년 3월 16일자. http://news.khan.co.kr/kh_news/khan_art_view.html?artid=2019031606000

로, 홈과 집은 같은 의미이다.

(12)는 집과 연관된 신어로 부동산 관련 [X-족] 신어이다. 부동산 관련 [X-족] 신어는 주로 매수나 수익이 있는 사람과 관련이 있다.

(12) ㉠ 월천족(2013),[77] 월세통장족(2014),[78] 갭 투자족(2017),[79] 줍줍족(2019),[80] 아파트 줍줍족(2019)[81]

　　 ㉡ 하메족(2012)[82]

(12)의 부동산 [X-족] 신어는 경제력이 좋은 계층을 편향되게 반영하고 있다. 월세를 살고, 치솟는 전세가·매매가에 힘들어하는 서민의 모습을 반영한 신어는 많지 않다. 하메족은 거주 비용을 아끼기 위해 가족이 아닌 사람과 동거하는 상황을 반영하고 있다. 매물을 반복해서 투자·매수하는 사람을 의미하는 줍줍족과 아파트 줍줍족은, 부동산으로 인한 빈익빈 부익부 현상의 심화 양상과 연관되며 서민들의 욕망이 반영된 것으로 볼 수 있다.

05&code=940100

77　월세로 천만 원을 내고 사는 사람. 또는 그런 무리.

78　집이나 방, 상가 등을 임대하고 그 월세를 받아 생활하는 사람. 또는 그런 무리.

79　전세가와 매매가의 차이가 적은 주택을 구입하여 전세를 놓은 후, 매매가 상승에서 시세 차익을 얻을 목적으로 투자하는 사람. 또는 그런 무리.

80　주로 싼값에 나온 주가나 매물 따위를 매수하는 사람. 또는 그런 무리.

81　싼값에 나온 아파트 매물을 매수하는 사람. 또는 그런 무리.

82　거주 비용을 아끼기 위해 가족이 아닌 사람과 집을 같이 사용하는 사람. 또는 그런 무리.

(13) 포서드족(2019): 일주일에 4일은 도시에서, 3일은 전원에서
생활하는 사람. 또는 그런 무리.

(13) 포서드족에서 농촌은 전원으로서의 의미를 지닌다. 도시
생활에서 쉼의 공간으로서 '전원'의 의미가 반영되어 있다. 그 외
에 농촌을 반영한 [X-족] 신어는 없다.

경제와 교육 · 환경 분야

(14)는 경제 분야의 [X-족] 신어들이다.

(14) ㉠ 공구족(2010),[83] 쿠폰족(2010),[84] 팸셀족(2010),[85] 염전족
(2018),[86] 노머니족(2018),[87] 첵카족(2018),[88] 알봉족(2014),[89]
다람쥐족(2015),[90] 메뚜기족(2015)[91]

---

83 필요한 물건을 공동으로 구매하여 가격을 할인받는 사람. 또는 그런 무리.

84 할인 쿠폰을 모아서 물건을 구매하는 사람. 또는 그런 무리.

85 패밀리 세일로 실속 쇼핑을 하는 사람. 또는 그런 무리.

86 검소한 생활을 통해 최대한 소비를 줄이고 돈을 아끼는 사람. 또는 그런 무리.

87 돈을 아끼며 꼭 필요한 일에만 최소한의 지출을 하는 사람. 또는 그런 무리.

88 소비를 줄이고 돈을 아끼기 위하여 체크카드만을 사용하는 사람. 또는 그런 무리.

89 낱개 포장된 물건을 필요한 양만 소량으로 구매하는 사람. 또는 그런 무리.

90 담뱃값이 인상되기 전에 여기저기에서 담배를 사 모르는 사람이나 무리를 낮잡아 이
르는 말.

91 담뱃값이 인상되기 전에 여기저기에서 담배를 사 모르는 사람이나 무리를 낮잡아 이
르는 말.

ⓛ 푼테크족(2019),[92] 금리노마드족(2014),[93] 파킹투자족(2014)[94]

ⓒ 가심비족(2018),[95] 가성비족(2017)[96]

ⓔ 빨대족(2013),[97] 일코노미족(2017)[98]

ⓜ 욜 테크족(2018),[99] 에지 스몰족(2016),[100] 나심비족(2019)[101]

(14)㉠은 구매, 지출 방식과 연관된 〔X-족〕 신어로, 소비를 줄이고 돈을 아끼는 행위들을 반영하고 있다. '공동구매', '할인 쿠폰', '패밀리 세일', '체크카드만을 사용', '소량 구매' 등 '검소한 생활'을 통해 '최소한의 지출'을 하고 '돈을 아끼기 위해' 노력하는 모습을 담고 있다. 구체적으로 담뱃값 인상에 대처하는 모습을 비유적으로 표현한 다람쥐족과 메뚜기족이 있는데, 비하의 의미가 있다. ⓛ에서는 목돈을 마련하기 위해 '생활 속 지출되는 푼돈

---

92 생활 속에서 지출되는 푼돈을 줄여 목돈을 모으는 사람. 또는 그런 무리.

93 높은 금리를 얻을 수 있는 금융상품을 찾기 위해 여러 곳을 돌아다니는 사람. 또는 그런 무리.

94 투자 대상을 결정하기 전에 손실의 위험이 없는 안전한 투자처에 돈을 맡겨 두는 사람. 또는 그런 무리.

95 가격 대비 심리적 만족의 비율을 중시하는 사람. 또는 그런 무리.

96 가격 대비 성능의 비율을 중시하는 사람. 또는 그런 무리.

97 30대 이후에도 부모로부터 독립하지 못하고 경제적으로 도움을 받는 사람. 또는 그런 무리.

98 일인가구를 이루며 혼자서 경제생활을 꾸려 나가는 사람. 또는 그런 무리.

99 현재의 행복한 삶을 위하여 자신을 위한 소비에 돈을 아끼지 않으면서도, 불필요한 소비를 최대한 줄이고자 하는 사람. 또는 그런 무리.

100 작고 사소하더라도 특별하다고 느껴지는 것에 아낌없이 투자하는 사람. 또는 그런 무리.

101 정해진 시장가격에 상관없이 어떤 품목이나 상품에 대하여 소비자로서 본인이 가지는 만족도를 중요시하는 사람. 또는 그런 무리.

〔X-족〕 신어에 투영된 초연결시대 우리들의 삶 |

을 줄이고', '높은 금리의 금융상품을 찾고자' 노력하는 모습 등을 볼 수 있다. 또한 '손실의 위험이 없는 안전한 투자처'를 선호하는 투자 경향을 반영한 신어도 있다. ©은 가격 대비 '심리적 만족', '성능의 비율'을 중시하는 소비의 기준을 반영하고 있다. ②은 경제난이 가정에 미친 영향을 반영한 신어이다. '부모로부터 독립하지 못하는', '혼자서 경제생활을 꾸려 나가는' 등의 모습을 확인할 수 있다. 특히 일코노미족은 1인문화가 경제적 요인과 연관되어 있음을 보여 준다. ⑩은 경제난에도 불구하고, '현재의 행복한 삶을 위하여' '본인의 만족도를 중요시'하여, '특별하다고 느껴지는 것에' '아낌없이', '정해진 시장가격에 상관없이' 경제활동을 하는 모습을 반영한다. 경제와 관련된 [X-족] 신어에는 경제난을 극복하려는 검소하고 합리적이고 스마트한 소비생활과 목돈 마련을 위해 노력하는 모습, 경제난과 연관된 상황과 이를 극복하려는 현상이 반영되어 있다.

[X-족] 신어 중 교육 분야 또는 육아와 연관된 신어는 다음과 같다.

(15) ㉠ 자가학습족(2010),[102] 어브로드족(2010),[103] 독강족(2014)[104]
　　　㉡ 포비족(2014),[105] 안아키족(2017)[106]

---

[102] 교육시설을 가지 아니하고 자기 집에서 공부하는 사람. 또는 그런 무리.
[103] 방학을 이용하여 어학연수, 해외인턴십, 교환학생, 해외 체험 프로그램 등에 참가하기 위해 해외로 나가는 사람.
[104] 아는 사람 없이 혼자 강의를 듣는 사람. 또는 그런 무리.
[105] 자신의 아이를 위해서 아낌없이 투자하는 사람. 또는 그런 무리.
[106] 약을 안 쓰고 아이를 키우는 사람. 또는 그런 무리.

(15)㉠에서 학습 공간은 '자신의 집에서', '해외'까지 다양하다. 자기 집에서의 학습은 휴대전화나 무선 피디에이PDA 등의 학습 기기로 인해 더 강화되는 면이 있다. 또한 해외에서는 체험 위주의 어학연수, 인턴십 직접 경험 교육이 이루어지고 있다. 대학 강의에서 혼자 강의를 듣는 사람을 의미하는 독강족은 혼자하는 문화가 교육에도 영향을 주고 있음을 보여 준다. 교육 분야는 [X-족] 신어가 적었다. ㉡은 육아와 연관된 [X-족] 신어로, '아이를 위해서' '아낌없이' 투자하며 키우는 부모를 나타낸다. ㉡은 아이들보다는 부모를 반영하고 있으며 영유아와 10대 등 어린 자녀들은 대상화되어 반영되었다. 연령별 분류에서 유아와 10대들을 반영한 신어들이 발견되지 않은 점, 교육 분야의 [X-족] 신어가 많지 않고 어린 자녀들이 타자화되어 나타나는 점은, 육아 관련하여 어린 자녀의 [X-족] 신어가 없는 것과 상응하는 면이 있다.

(16) ㉠ 노푸족(2015),[107] 노케미족(2016)[108]

㉡ 노 더스트족(2018),[109] 피미족(2019),[110] 미포족(2019)[111]

(16)은 환경과 관련된 [X-족] 신어이다. (16)㉠은 샴푸와 화학

---

107 샴푸를 사용하지 않고 물만으로 머리는 감는 사람. 또는 그런 무리.

108 화학물질이 함유된 제품을 쓰지 않으려는 사람, 또는 그런 무리.

109 먼지를 피하기 위해 노력하는 사람. 또는 그런 무리.

110 미세먼지를 피하여 공기가 맑은 곳으로 옮기는 사람. 또는 그런 무리.

111 미세먼지로 인해 받는 피해를 해결하지 않고 포기하는 사람.

품을 거부하는 [X-족] 신어, ㉡은 미세먼지와 연관된 [X-족] 신어이다. 노 더스트족과 피미족은 미세먼지를 거부하려 하고, 미포족은 어쩔 수 없이 미세먼지로 인한 피해를 감수하는 모습을 반영하고 있어 환경문제에 대한 대책이 쉽지 않은 씁쓸한 현실을 반영하고 있다.

문화 분야

2010년대 디지털화, 디지털 문화를 반영한 [X-족] 신어는 꾸준히 활발하게 조어되었다.

> (17) ㉠ 찰나족(2010),[112] 노링크 노타이족(2010),[113] 유피스족(2010)[114]
>
> ㉡ 불펌족(2010),[115] 미포머족(2010),[116] 술스타그램족(2017),[117]
>
> 공홈족(2019)[118]

---

[112] 언제 어디서나 네트워킹하고 디지털 환경에 발 빠르게 적응해 가는 무리. 또는 그런 사람.

[113] 학연·지연·혈연과 같은 통상적인 인맥 관계를 넘어서서 트위터 등을 통해 무작위로 연고를 맺는 사람. 또는 그런 무리.

[114] 노트북을 이용해 장소에 구애받지 않고 각종 업무를 유비쿼터스 환경에서 편리하게 처리하는 사람. 또는 그런 무리.

[115] 인터넷에서 남의 글을 무단 도용하는 행위를 하는 사람. 또는 그런 무리.

[116] 소셜네크워크서비스나 블로그 등을 통해 정보 활용 가치가 높지 않은, 자신과 관련된 신변잡기를 알리는 일에 열중하는 사람. 또는 그런 무리.

[117] 누리 소통망 서비스(SNS)에 술과 관련된 게시물을 주로 올리는 사람. 또는 그런 무리.

[118] 재화나 서비스를 이용하기 위해 생산 및 유통을 담당하는 공식 홈페이지를 주로 이용하는 사람. 또는 그런 무리.

ⓒ 손가락 여행족(2019),[119] 뷰니멀족(2017)[120]

(17)㉠은 디지털 환경에 빠르게 적응하고, 트위터 등을 통해 새로운 인맥 관계를 형성하며, 각종 업무를 노트북을 이용해서 편리하게 처리하는 사람을 의미한다. ㉡은 인터넷, SNS에서의 정보와 관련된 다양한 양상과 연관된 신어이다. 남의 글을 무단 도용하거나, 활용 가치 없는 신변잡기를 알리거나, 술과 관련된 정보를 올리고, 공식 홈페이지를 이용하여 재화나 서비스를 활용한다. ㉢에서는 디지털이 여행이나 애완동물을 키우는 데에도 확장되어 있음을 알 수 있다. 여행 계획과 예약을 모바일로 하고, 애완동물도 직접 키우지 않고 영상이나 사진을 관찰하며 즐긴다.

디지털 문화와 연관된 경제 분야의 [X-족] 신어가 많았다.

(18) ㉠ 린백족(2014),[121] 모바일 침대족(2017),[122] 모바일소파족(2017),[123] 소파쇼핑족[124](2017)

---

119 여행을 떠나기 전 모바일 서비스를 이용해 여행을 계획하고 숙박시설 따위를 예약하는 사람. 또는 그런 무리.

120 애완동물을 직접 키우지 않고 영상이나 사진으로 관찰하는 것을 즐기는 사람. 또는 그런 무리.

121 의자나 쇼파에 앉아 편안하게 등을 기대고 온라인 쇼핑을 즐기는 사람. 또는 그런 무리.

122 퇴근 후 저녁 시간에 침대에서 휴식을 취하면서 모바일 기기로 물건을 구매하는 사람. 또는 그런 무리.

123 소파에서 휴식을 취하면서 모바일 기기로 물건을 구매하는 사람. 또는 그런 무리.

124 소파에서 휴식을 취하면서 모바일 기기로 물건을 구매하는 사람. 또는 그런 무리.

ⓛ 모루밍족(2014),[125] 역쇼루밍족(2014),[126] 핫딜노마드족(2014)[127]

ⓒ 언택트족(2018),[128] 카페인족(2018),[129] 시니어 엄지족(2018)[130]

ⓡ 앱테크족(2012),[131] 데테크족(2013)[132]

(18)은 경제 분야 [X-족]의 디지털화를 반영한다. 모두 쇼핑, 물건 구매, 새로운 수입 창출과 관련된 신어들이다. (18)ⓖ에서는 '편안하게 등을 기대고', '침대에서 휴식을 취하면서', '소파에서 휴식을 취하면서' 온라인 · 모바일을 활용하여 편하게 쇼핑이나 물건 구매를 하는 모습을 확인할 수 있다. ⓛ은 경제의 소비 면에서 시간과 공간에 구애받지 않는 편리성을 추구하고 오프라인과 온라인의 시간대를 비교한 후 더 경제적인 구매를 선호하는 특징을 볼 수 있다. ⓒ에서는 SNS 또는 비대면 방식으로의 경제생활 확장과 노년층으로 디지털 방식의 소비 행위와 디지털화가 확장되고 있음을 알 수 있다. ⓡ의 앱테크족은 스마트폰 애플리케이

---

125 제품을 오프라인 매장에서 자세히 살펴본 뒤, 모바일 쇼핑을 하는 사람. 또는 그런 무리.
126 온라인 쇼핑몰에서 제품을 살펴본 뒤, 오프라인 매장에서 제품을 구매하는 현상.
127 온라인 쇼핑몰에서 물건을 특별히 싸게 파는 시간대를 찾아 다니며 쇼핑을 하는 사람. 또는 그런 무리.
128 판매자를 직접적으로 대면하지 않고 물품을 구매하는 사람. 또는 그런 무리.
129 누리 소통망 서비스(SNS)를 활용하여 상품의 정보를 찾고 물건을 사는 사람. 또는 그런 무리.
130 빠른 속도로 문자 메시지를 전송하거나 정보를 검색하며 모바일 쇼핑을 즐기는 등, 모바일을 잘 활용할 수 있는 노인. 또는 그런 무리.
131 스마트폰 애플리케이션을 사용하고 돈을 버는 사람. 또는 그런 무리.
132 데이터 사용량을 줄여 통신비를 절약하는 사람. 또는 그런 무리.

션을 사용하여 수익을 창출하거나 통신비를 절약하는 모습을 반영하고 있다.

디지털화된 학습기기 사용과 연관된 교육 분야의 [X-족] 신어가 있다.

(19) 모바일 학습족(2010),[133] 뚜벅이학습족(2010),[134] 스마트모잉족(2010)[135]

(19)는 '휴대전화와 무선 PDA를 이용하여', 'MP3나 PMP를 이용하여', '스마트폰의 다양한 애플리케이션을 활용하여' 공부하는 무리를 나타나는 [X-족] 신어이다. 다양한 학습기기의 활용으로 학습 공간도 학교나 학원으로 제한되지 않고 '걸어 다니면서' 학습이 가능한 것을 볼 수 있다.

[X[혼-X]족] 신어 속에는 일인가구가 늘고, 개인주의가 팽배하고, 경제난과 취업난 등으로 인해 넓은 인간관계를 맺기가 부담스러운 사람들이 주로 '혼자서' 일상을 보내고, 한편으로는 이를 즐기며 좋아하는 문화가 형성되는 모습이 보여진다.

---

133 휴대전화나 무선 피디에이PDA를 이용하여 교육 프로그램을 듣거나 시청하면서 공부를 하는 사람. 또는 그런 무리.
134 걸어 다니면서 엠피쓰리MP3나 피엠피PMP를 이용하여 공부를 하는 사람. 또는 그런 무리.
135 스마트폰의 다양한 애플리케이션을 활용해 공부를 하는 사람. 또는 그런 무리.

[X-족] 신어에 투영된 초연결시대 우리들의 삶 |

(20)㉠ 혼밥족(2014),[136] 혼영족(2016),[137] 혼휴족(2016),[138] 혼텔족
(2016),[139] 혼행족(2017),[140] 혼뱅족(2017),[141] 혼골족(2017),[142] 혼
명족(2019),[143] 혼카족(2019),[144] 혼코노족(2019)[145]

㉡ 혼술족(2016),[146] 혼맥족(2016),[147] 혼공족(2016),[148] 직장인
나홀로족(2016),[149] 혼족(2016),[150] 혼케족(2018)[151]

㉢ 혼참족(2017)[152]

㉣ 셀프기프팅족(2015),[153] 홀로족(2018)[154]

2014년 혼밥족을 시작으로 혼카족 등 2019년에 이르기까지 지

---

136 평소 혼자서 식사는 하는 사람. 또는 그런 무리.
137 혼자 영화를 보는 사람. 또는 그런 무리.
138 혼자 휴가를 보내는 사람. 또는 그런 무리.
139 혼자 호텔이나 모텔 따위의 숙박업소에서 휴가를 보내는 사람. 또는 그런 무리.
140 혼자서 여행을 가는 사람. 또는 그런 무리.
141 은행원의 도움 없이 혼자서 은행 업무를 보는 사람. 또는 그런 무리.
142 혼자 골프를 치는 사람. 또는 그런 무리.
143 혼자 명절을 쇠는 사람. 또는 그런 무리.
144 혼자 카페를 가는 사람. 또는 그런 무리.
145 혼자서 코인노래방에 가는 사람. 또는 그런 무리.
146 혼자 술을 즐겨 마시는 사람. 또는 그런 무리.
147 혼자 맥주를 즐겨 마시는 사람. 또는 그런 무리.
148 혼자 공부하는 것을 좋아하는 사람. 또는 그런 무리.
149 직장에서 다른 사람과 어울리는 것을 꺼리고 혼자 생활하는 것을 좋아하는 사람.
     또는 그런 무리.
150 혼자 활동하는 것을 즐기는 사람. 또는 그런 무리.
151 혼자 케이크를 즐겨 먹는 사람. 또는 그런 무리
152 시위나 집회에 혼자 참여하는 사람. 또는 그런 무리.
153 자기 자신에게 스스로 선물을 하는 사람. 또는 그런 무리.
154 현재의 행복을 중요하게 여기며 혼자서 즐기면서 살아가는 사람. 또는 그런 무리.

속적으로 (X[혼-X]족) 신어가 조어되었다. (X[혼-X]족)은 식사, 영화, 휴가, 여행, 골프 등 다양한 활동을 혼자서 하는 사람이나 무리를 나타내는 신어이다. ⓛ은 술이나 맥주 마시기, 공부하기, 케이크 먹기등을 혼자서 하되, 좋아해서 즐기는 사람이나 무리를 의미한다. 개인화로 인한 현상 중 부득이하게 혼자서 술을 먹고, 밥을 먹고, 영화를 보는 경우도 있지만 이를 즐거서 자발적으로 '혼술', '혼맥'하는 것도 가능하다. ⓒ은 세월호 사건이 있던 해 촛불집회에 혼자 참여하는 사람들을 일컫는 신어이다. 세월호 촛불집회 당시 사회의 모습을 (X[혼-X]족) 신어가 담고 있다. ⓔ의 셀프기프팅족은 (X[혼-X]족) 신어는 아니나 스스로 자신을 격려하기 위해 선물을 하는 사람을 의미한다. 격려 · 선물과 같이 타인에 의해 이루어지는 것을 스스로 하고 있는 모습을 볼 수 있는데, 이는 개인화와 연관되어 보인다.

셰리 터클Sherry Turkle은 《대화를 잃어버린 사람들: 온라인 시대에 혁신적 마인드를 기르는 대화의 힘》에서 새로운 매체로 인해 우리를 가장 인간답게 만드는 대면 대화를 잃어버린 사람들의 모습을 보여 주고 있다. 사람들은 끊임없이 대화를 우회하는 방법으로 서로에게 끊임없이 접속하지만 동시에 서로를 피해 숨는다. 이러한 온라인으로의 연결은 혼자이지만 오롯이 혼자가 될 수 없게 한다. 불편하고 부담스러운 오프라인의 관계보다는 온라인의 느슨한 연결로 대화를 잃어버리고, 오롯이 혼자 있지 못하고 끊임없이 연결되므로 자아성찰에 필요한 고독도 잃은 모습을 지적

하고 있다.[155]

[X[혼-X]족] 신어에는 느슨한 인간관계, 긴밀한 관계에서 오는 피로감, 핸드폰의 영향력을 나타내는 신어들은 직접적으로 보이지 않지만 [X[혼-X]족]의 기저에 초연결의 디지털 문화가 있음은 의심하기 어려워 보인다. [X-족] 신어는 아니지만, 살코기 세대,[156] 대안 관계,[157] 가취관,[158] 인맥 커팅,[159] 자아 신경증,[160] 콜 포비아 세대[161]라는 신어를 통해서 기존 관계에 대한 회의감과 최소화되고 느슨한 관계 맺기, 타인관의 관계 상실과 약화된 자아, 에너지 낭비 없는 외로움의 해결 방법, 소통에 낯설어하는 사람들의 모습을 확인할 수 있다.

[X-족] 신어에 자주 등장하는 일인가구 문화와 연관성이 깊은 공간 중 하나가 편의점이다. 편의점과 연관된 [X-족] 신어는 [X[편-X]-족]의 구조로 된 신어인데, 부분 형태의 결합으로 구성되어 있다. 다만 편의점카페족은 편의점, 카페의 전체형태 결합인

---

155 셰리 터클, 《대화를 잃어버린 사람들》, 황소연 옮김, 민음사, 2018.
156 불필요한 인간관계를 최소화하고 살아가는 세대를 비유적으로 이르는 말.
157 타인과 오랜 시간 깊은 관계를 맺지 않고 필요에 의해 짧고 얕게 맺는 인간관계를 이르는 말. 관계를 위해 에너지를 낭비하고 싶지는 않으나 외로움을 해결하고 싶은 이들이 추구하는 관계로, '랜선 이모'나 '반려 식물' 등이 이에 해당한다.
158 '가벼운 취향 위주의 관계'를 줄여 이르는 말. 취향을 좇아 느슨하게 교류하는 모임이 늘면서 생겨난 말이다.
159 인맥을 유지하고 관리하는 데서 오는 회의감으로 인해 관계를 과감히 끊는 일.
160 급격한 사회 변화 속에서 현대인의 자아가 약화되고 타인과의 관계가 사라지는 병리 현상을 이르는 말.
161 문자 메시지나 메신저 혹은 이메일로 소통하는 것을 선호하며 전화로 음성 통화를 하는 것에 두려움이나 거부감을 느끼는 세대.

합성어로 구성되어 있다.

(21) ㉠ 편의점카페족(2017),[162] 편퇴족(2017),[163]

㉡ 편가족(2018),[164] 편과족(2018),[165] 편채족(2018),[166] 편도족(2015),[167] 편디족(2019),[168] 편샐족(2019)[169]

(21)㉠은 카페 대신 편의점에서 경제적으로 커피를 즐기고, 퇴근시간 편의점에 들러 저녁을 간단히 해결하는 사람들을 의미하는 〔X-족〕 신어이다. ㉡은 사람들이 편의점에서 즐겨 구매하는 대상인 '가정간편식, 과일, 채소, 도시락, 디저트, 샐러드' 등을 반영한 신어이다. 편의점에서 구매하는 대상이 〔X〔편-X〕-족〕 신어로 조어된 것을 보더라도, 편의점이라는 공간이 2010년대 사람들에게 편의와 경제적 이유를 충족시켜 주고 생활 플랫폼으로 새로운 역할을 지닌 상징적 공간임을 알 수 있다. 이는 젊은 세대 문

---

162 편의점에서 커피를 즐겨 마시거나, 편의점에서 파는 커피를 즐겨 이용하는 사람. 또는 그런 무리.

163 퇴근하면서 편의점에 들려 가볍게 먹을 음식 따위를 사는 사람. 또는 그런 무리.

164 편의점에서 판매하는 가정간편식을 주로 이용하는 사람. 또는 그런 무리.

165 '편의점 과일 구매족'을 줄여 이르는 말로, 편의점에서 소량으로 포장된 과일을 구매하는 사람. 또는 그런 무리.

166 '편의점 채소 구매족'을 줄여 이르는 말로, 편의점에서 소량으로 포장된 채소를 구매하는 사람. 또는 그런 무리.

167 '편의점 도시락족'을 줄여 이르는 말.

168 편의점에서 판매하는 디저트를 즐겨 먹는 사람. 또는 그런 무리.

169 편의점에서 판매하는 샐러드를 즐겨 먹는 사람. 또는 그런 무리.

화, 일인가구, 혼밥 문화와도 연관되며, 편의점이 가정·카페 등의 대체공간으로서 의미를 가진다고 할 수 있다.[170]

(22) ㉠ 늦캉스족(2010),[171] 레바족(2012)[172]

㉡ 아캉스족(2010),[173] 골캉스족(2013),[174] 몰캉스족(2013),[175]

호캉스족(2014),[176] 피캉스족(2015),[177] 혼캉스족(2012)[178]

㉢ 홀캉스족[179](2017)

㉣ 홈캉스족[180](2010), 집캉스족[181](2018)

㉤ 쉼포족(2015)[182]

(22)는 바캉스 관련 (X-족) 신어이다. 이 신어들은 주로 바캉스의 부분형태인 캉스와의 합성으로 이루어진 (X(X-캉스)-족)

---

170 변수연, 〈편도족에 이어 뜨는 '편과족 편채족'…과일 채소도 편의점에서〉, 《서울경제》 2017년 10월 6일. https://www.sedaily.com/NewsView/1OM769FGWF

171 성수기를 피해 비교적 늦게 휴가를 즐기는 사람. 또는 그런 무리.

172 늦은 여름에 피서를 떠나는 사람. 또는 그런 무리.

173 휴가철 도심 미술관이나 갤러리에서 미술작품을 감상하며 더위를 식히는 사람들. 또는 그런 무리.

174 휴가를 골프장에서 보내는 사람. 또는 그런 무리

175 쇼핑몰에서 바캉스를 즐기며 휴가를 즐기는 사람.

176 도심의 호텔에서 여름휴가를 보내는 사람. 또는 그런 무리.

177 피부과 병원에서 피부 치료를 받으며 여름휴가를 보내는 사람. 또는 그런 무리.

178 바캉스철에 혼수를 준비하면서 휴가를 즐기는 사람. 또는 그런 무리

179 혼자서 휴가를 즐기는 사람. 또는 그런 무리.

180 집에서 바캉스를 즐기는 사람. 또는 그런 무리.

181 집에서 편안하게 휴식을 취하며 휴가를 보내는 사람. 또는 그런 무리.

182 쉼을 포기한 사람. 또는 그런 무리.

구조이다. ㉠은 휴가의 시기가 늦더라도 즐기려고 하는 모습을 반영하고 있고, ㉡은 '미술관 혹은 갤러리, 골프장, 쇼핑몰, 호텔' 등에서 다양한 형태로 휴가를 즐기거나 '피부 치료를 받으며', '혼수를 준비하면서' 휴가 기간을 보내는 모습을 반영하고 있다. ㉢은 '혼자서' 즐기는 모습을, ㉣은 '집에서 편안하게' 보내는 모습을 담고 있다. ㉤은 바캉스 혹은 휴가와 직접적 연관은 없지만 쉼, 휴식을 포기한 사람을 나타내는 [X-족] 신어로, 그들에게 휴가는 사치스러운, 자신과 별로 상관없는 일일 것이다. 쉼에도 계층에 따라 편차가 심하다는 것을 알 수 있다.

(23) ㉠ 글램핑족(2012), 나핑족(2014), 캠프닉족(2014), 솔캠족(2014), 커캠족(2014), 떼캠족(2013), 감성캠핑족(2014), 푸드캠핑족(2016)/워런치족(2014), 미드나이트워킹족(2013), 레킹족(2013)/시티바이크족(2010), 바이어트족(2016), 스텔스 자라니족(2018)/스킨스쿠버족(2010)

㉡ 길맥족(2017), 혼술족(2016), 혼맥족(2016), 책맥족(2017), 횟술족(2017)/ 디저트노마드족(2016), 혼케족(2018), 홈디족(2019)/킨포크족(2014)

㉢ 영화관람족(2010), 락페족(2014)

㉣ 뷰니멀족(2017), 펨펫족(2017), 펫미족(2018), 펫피족(2018)/인테리어족(2010)/문센족(2018)

㉤ 욜로족(2017)/요도족(2019), 횰로족(2018), 욜 테크족(2018), 웰족(2016), 뉴어딜트족(2013), 네오비트족(2016)

(23)은 다양한 취미생활과 기호를 반영한 [X-족] 신어이다. (23)㉠은 캠핑, 자전거, 걷기, 스킨스쿠버 등 다양한 취미를 반영하고 있다. 특히 캠핑의 경우는 [X[X-핑]-족], [X[캠-X]-족], [X[X-캠]-족], [X[X-캠핑]-족]의 형태 구조로 조어되었다. 캠핑하는 시간이 언제나에 따라, 장비 수준에 따라, 그리고 혼자·커플 혹은 집단 등 캠핑을 혼자 하느냐 집단으로 하느냐 누구와 하느냐와 같은 캠핑의 콘셉트에 따라 다양하게 조어되었다. 걷기 관련 [X-족] 신어들은 걷는 시간, 복장을 반영하고 있다. 자전거 관련 [X-족] 신어들은 자전거를 타는 장소인 '도시', '다이어트'라는 자전거 타기의 목적을 반영하며, 자전거 타는 사람을 고라니로 비유하여 대상화하는 경향도 나타났다. 스킨스쿠버 관련 [X-족] 신어는 한 개로, 그 수가 적어 다양한 양상이 반영되지는 않았다.

(23)㉡은 맥주 또는 술을 즐기는 [X-족] 신어이다. 술을 즐기는 장소, 혼자서 혹은 독서를 하며 마시는 것, 술을 먹는 감정 상태 등 다양한 양상을 담고 있다. 또한 디저트, 음식 등 먹는 것을 즐기는 것과 연관된 [X-족] 신어도 있다. 디저트 관련 [X-족] 신어는 '혼자서', '집'에서 즐기고 적극적으로 이를 위해 찾아 다니는 부류를 반영하고 있다.

(23)㉢은 영화 관람, 록페스티벌을 즐기고, '실내를 장식하는 일에 관심이 많거나 직접하고, 문화센터에서 여가나 취미생활을 즐기는 부류'를 의미하는 [X-족] 신어이다. (23)㉣은 애완동물을 가족처럼 기르거나 자신처럼 사랑하는 사람들을 의미한다. 뷰니

멀족은 '애완동물을 직접 키우지 않고 영상이나 사진으로 관찰하는 것을 즐기는 사람'을 나타내는데 이는 인터넷, 스마트폰 사용 등 디지털 문화가 애완동물을 키우는 데 영향을 끼친 것으로 보인다.

(23)⑩은 삶의 태도에 대한 생각을 반영한 [X-족] 신어들이다. 욜로족은 지금 자신의 즐거움과 행복을 추구하는 사람을 의미한다. 횰로족은 혼자서 자신의 행복을 추구하는 사람을 뜻하는 말로, 혼자의 의미인 'ㅎ'과 '욜로족'의 결합으로 구성된 형태이다. 욜로족과 유사한 음으로 요도족, 웰족은 가치·의미를 추구하는 사람을 의미하고, 네오비트족은 '기존의 질서와 도덕을 거부'하고 경험을 중요시하는 사람을 의미한다.

다양한 취향과 취미를 즐기는 시간대로 밤 시간에 주목한 신어들이 있다.

(24) ㉠ 나포츠족(2013),[183] 미드나이트워킹족(2013),[184] 나펌족(2014)[185]
　　 ㉡ 야누스족[186](2015)

다양한 취미생활을 즐기는 [X-족]들은 하루 중 밤 시간을 활

---

[183] 밤에 스포츠를 즐기는 사람. 또는 그런 무리.
[184] 늦은 밤에 산책이나 가벼운 운동을 하는 사람. 또는 그런 무리.
[185] 밤에 산이나 들 또는 바닷가 따위로 나가 텐트를 치고 야영하는 것을 즐기는 사람. 또는 그런 무리.
[186] 로마신화에 나오는 두 얼굴을 가진 신神 야누스처럼 낮에는 일에 열중하고 퇴근 후엔 활동적인 레포츠를 즐기며 일상과 대비되는 생활을 하는 사람. 또는 그런 부류.

용하게 된다. '산책이나 가벼운 운동'을 하고, 캠핑을 가고 다양한 레포츠를 즐기는 양상을 반영한 신어이다. 야누스처럼 낮에는 일하고, 퇴근 후 밤에는 삶을 즐기는 모습, 즉 직장 일과 개인의 삶의 균형성을 중요하게 여기는 모습을 반영하고 있다. 그런 의미에서 '밤' 시간은 '낮' 시간에 활력을 주는 중요한 의미를 지니며, 이는 개인적인 일상을 중시하며, 일만큼 쉼을 중요시하는 삶의 모습을 반영하고 있다.

[X-족] 신어 외에 실감세대, 파이세대라는 신어가 있다. 실감세대는 직접 경험하는 것을 즐기는 세대, 파이PIE세대는 1980~2000년대 출생한 20 · 30대로 남과 다른 개성personality을 중시하고 자신의 행복과 자기계발에 투자invest in myself하며 소유보다 경험experience을 위해 실속 있게 소비하는 특징을 지닌 세대를 의미한다. 바캉스, 취미생활, 기호와 관련된 [X-족] 신어들이 실감세대, 파이세대의 특징을 향해 있다.

반복재생되는 신어

[X-족] 신어 중 시리즈 형태로 두드러진 조어 특징을 보이는 신어가 있다. [X[혼X]-족]류, [X[홈X]-족]류, [X[편X]-족]류, [X[X캉스]-족]류 등이다. 이 중 가장 많은 조어력을 보인 네 가지 형태 구조의 신어를 중심으로 반복재생의 양상을 살펴보도록 한다.

첫 번째로, 반복되는 형태가 형태반복형이냐 의미반복형이냐에 따라 구분할 수 있다.

　　형태반복형: 〔X〔편X〕-족〕류, 〔X〔X캉스〕-족〕류
　　형태 · 의미 융합반복형: 〔X〔혼X〕-족〕류

　두 번째로, 반복되는 형태가 접두형태인가 접미형태인가에 따라 구분하면 다음과 같다.

　　접두형태: 〔X〔혼X〕-족〕류, 〔X〔편X〕-족〕류
　　접미형태: 〔X〔X캉스〕-족〕류

　시리즈로 조어되는 〔X〔혼X〕-족〕류, 〔X〔편X〕-족〕류, 〔X〔X캉스〕-족〕류의 반복재생 양상을 두 기준으로 구분하면 다음의 세 가지 유형으로 정리해 볼 수 있다.

　Ⅰ유형: 접두형태 재생, 형태 · 의미 반복 재생
　Ⅱ유형: 접두형태 재생, 형태 재생
　Ⅲ유형: 접미형태 재생, 형태 재생

　Ⅰ유형에 해당하는 〔X〔혼X〕-족〕류의 반복재생 양상을 살펴보면 〔X〔혼X〕-족〕류는 '혼자서 어떤 행동을 하는 사람'을 의미한다. 〔X〔혼X〕-족〕류의 시작은 '혼밥족'(2014)부터인데 2010년에도 '혼자서, 자기, 스스로'의 의미로 '자自, 에스s, single, 미me, 독獨, 솔sol, solo,

셀sel, selfie' 등 다양한 형태의 〔X-족〕 신어가 구성되다가 '혼밥족'에 이어 '혼술족'(2016)으로 이어지면서, 〔X〔혼X〕-족〕 형태가 반복 재생, 확대돼 갔다. 혼텔족, 혼공족, 혼맥족 등 혼자서 하는 모든 행위로 확장돼 가는 양상을 보이며 2019년까지 계속 이어졌다.

그러나 직장인 나홀로족(2016), 홀캉스족, 일코노미족(2017), 횰로족, 노노포미족, 펫미족(2018)은 〔X〔혼X〕-족〕 형태와는 다른 구조로, 그러나 의미에 있어서는 '혼자, 자기, 스스로'의 의미를 유지하면서 조어되었다. 직장인 나홀로족은 구 구조로 조어되었고, 홀캉스족(2017)과 횰로족(1028)은 홀로의 '홀, ㅎ'이 '바캉스, 욜로'와 각각 합성되어 신어가 조어되었다. 홀캉스족은 혼캉스족(2012)이 이미 있어서 〔X〔혼X〕-족〕 구조로 신어를 생성하지 못하고 혼캉스족의 동음성을 피해 '혼자'의 의미를 지닌 홀캉스로 조어되었다. 혼캉스족의 '혼-'은 '혼자'의 의미가 아니라, '혼수'를 의미하므로 〔X〔혼X〕-족〕류에 해당되지 않는다. 또한 이코노미와 음이 연관되면서 일인가구의 일의 의미와 합성되어 일코노미족이라는 신어가 생성되었다. 노노포미족, 펫미족(2018)은 미me의 형태로 구성된 〔X-족〕 신어이다. 2010년 미포머족 이후 2018년 경제의 구매 형태와 애완동물의 자기화 의미가 담긴 〔X-족〕 신어로 등장하였다.

2010 자가학습족, 에스족, 미포머족

2014 독강족, 혼밥족, 솔캠족, 셀피족

2016 혼술족, 혼텔족, 혼공족, 혼맥족, 혼영족, 혼휴족, 혼족, 직장

인 나홀로족

2017 혼골족, 혼뱅족, 혼참족, 혼행족, 홀캉스족(혼캉스족2012),
혼모노족, 일코노미족

2018 혼케족, 홀로족(욜로족2017), 노노포미족, 펫미족

2019 혼카족, 혼코노족, 혼명족

〔X〔혼X〕-족〕류의 신어는 혼밥족, 혼술족 등의 신어 생성 초기
기사를 살펴보면, 사회문화적 맥락에 있어서 부정적인 의미였음
을 알 수 있다.

"오죽 배고프면 혼자 밥을 먹겠냐는 말이다. (…) 같은 우리지만
언제부터 우리가 이렇게 삭막해졌을까?"[187]
"혼자 있을 때만큼은 누구에게도 간섭받고 싶지 않은 것이다. 이
해는 되면서도 나는 씁쓸했다. (…) 누구든 '우리'가 없는 인생은 그
저 쓸쓸할 것이다."[188]

한국 사회에서 '우리'로 표현되는 집단 · 공동체 중시 문화로 인
해 〔X〔혼X〕-족〕류로 표현된 일인가구 · 일인문화에 대하여 부정
적 관점이 있었으나, 현실적으로 일인가구와 일인문화가 경제 ·

---

187 최고나, 〈그들이 혼자 밥을 먹는 이유, '혼밥족' 그들을 논하다!〉,《대전일보》2014년
3월 25일자. http://www.daejonilbo.com/news/newsitem.asp?pk_no=1110247

188 윤병무, 〈'나홀로족'으로 산다는 것〉.《동아사이언스》2016년 8월 13일자. http://
dongascience.donga.com/news/view/13398

문화 분야로 확장되면서 하나의 현상으로서 중립적인 특성을 지니게 되고, 오히려 혼자 하는 문화를 적극 즐기고 개인의 행복과 관련하여 긍정적인 가치로 의미가 확대돼 가는 양상을 보인다. 이러한 사회문화적 의미가 변모하는 데에 〔X〔혼X〕-족〕류 신어 생성이 나름의 역할을 한 것으로 보인다.

II 유형인 형태 재생, 접두형태 재생인 〔X〔편X〕-족〕류의 반복재생 양상을 살펴보면, 〔X〔편X〕-족〕류는 공통적으로 '편의점에서의 구매 행위'를 의미한다. 〔X〔편X〕-족〕류의 시작은 '편도족'(2015)부터인데, 편의점카페족, 편퇴족(2017)을 제외하고 〔X〔편X〕-족〕류의 'X'는 구매 행위의 대상이 된다. 도시락, 디저트, 샐러드, 과일, 채소가 여기에 해당한다. 〔X〔편X〕-족〕류 신어에 반영된 편의점의 사회문화적 의미는, 주로 간편하게 이용할 수 있는 물품을 구매하는 것으로서 편리성이 강조되어 있다.

예외인 편의점카페족, 편퇴족을 살펴보면, 우선 편의점카페족은 편의점에서 저렴하게 커피를 즐기는 사람들에게 편의점 공간이 카페를 대신하는 공간으로 자리 잡았음을 보여 주며, 편퇴족은 X의 자리에 '퇴근'의 '퇴'가 구성됨으로써 편의점 이용시간인 퇴근 시간의 의미가 부가되어 직장인들의 퇴근 풍경과 식생활을 반영하고 있다. 젊은 세대, 일인가구, 직장인들이 간단하게 저녁을 해결하고 카페처럼 이용하는 종합 공간으로서 편의점의 사회문화적 의미를 살펴볼 수 있다.

2015 편도족

2017 편의점카페족, 편퇴족

2018 편가족, 편과족, 편채족

2019 편디족, 편샐족

[X(편X)-족]류의 신어는 기사를 살펴보면, 2019년 편의점카페족처럼 다른 공간으로의 의미 변화 가능성이 보인다.

"○○○은 오래된 구조물을 그대로 사용해 기존 편의점에서 볼 수 없었던 독특한 인테리어에 400여 종의 와인을 구비했다. 이와 함께 커피·베이커리·브런치, 감각적인 인테리어를 만나 볼 수 있는 200평 규모의 (…) 도심 속 힐링 화원 '소소한 화초 행복', 서점 '문학동네', 키즈와 키덜트의 체험놀이공간 레고샵 등도 있다."[189]

이처럼 편의점의 문화적 의미가 확대돼면 [X(편X)-족]류의 신어도 이를 반영하며 [X-족] 신어 생성을 통해 반복재생, 확대될 것으로 예상된다.

II 유형인 형태 재생, 접미형태 재생인 [X(X캉스)-족]류의 반복 재생 양상을 살펴보면 [X(X캉스)-족]류는 '어떤 특성을 지닌 바캉스를 보내는 사람'이 공통 의미이다. [X(X캉스)-족]류는 늦캉스족, 홈캉스족, 아캉스족(2010)으로 시작되는데, X에 들어가

---

189 손정빈, 〈편의점도 복합문화공간 만든다〉, 《뉴시스》 2019년 10월 13일자. https://newsis.com/view/?id=NISX20191013_0000796949&cID=13001&pID=13000

는 '늦-'은 바캉스의 시기, '홈-'은 바캉스의 장소, '아-'는 바캉스의 행위 종류로, 다양한 의미가 표현되었다. 이후 (X(X캉스)-족)류의 X에 장소 또는 행위의 종류의 의미가 들어가며 반복재생 확대되었다. 홀캉스족의 경우 '혼자'의 의미인 '홀'의 합성으로 구성되어 바캉스ㆍ휴가에도 일인문화가 확산되고 있음을 볼 수 있다. 홈캉스족(2010)과 집캉스족(2017)은 같은 의미로 사용되고 있다.

> 2010 늦캉스족, 홈캉스족, 아캉스족
>
> 2012 혼캉스족
>
> 2013 골캉스족, 몰캉스족
>
> 2014 호캉스족
>
> 2015 피캉스족
>
> 2017 홀캉스족, 집캉스족

홈캉스족, 집캉스족과 관련된 기사 내용을 살펴보면 다음과 같다.

여행지별로는 국내 여행을 계획하고 있다는 응답자는 60.2퍼센트로, 해외여행(31.8퍼센트)의 두 배 가량 됐다. 또한 집에서 보내겠다는 집캉스족도 5.4퍼센트 가량 나타났다[190]

현대카드가 휴가를 집에서 보내는 홈캉스족이나 복합쇼핑몰을

---

190 고종훈, 〈유진그룹 임직원들이 가장 선호하는 여름휴가 기간은 7말8중〉, 《Digital

찾는 '몰링족'을 위한 다양한 혜택으로 구성된 8월 이벤트를 진행한다고 9일 밝혔다.[191]

기사 내용에서 홈캉스족과 집캉스족의 사회문화적 의미는 차이가 없어 보인다.

나오기

이 글의 목적은 사람 신어 중 조어력이 가장 활발한 (X-족) 신어의 사회언어학적 의미를 고찰함으로써, 초연결시대 우리의 삶을 (X-족) 신어를 중심으로 살펴보는 데에 있다. 국립국어원 신어자료집 중에서 2010, 2012~2019년의 (X-족) 신어를 연구 대상으로 하였고, (X-족)이 생성된 사회문화적 의미를 살펴보기 위해 대상별·분야별로 나누고, 대상은 다시 연령별·성별로, 분야는 다시 의식주생활 분야, 경제와 교육·환경 분야, 문화 분야로 구분하여 그 특징을 연구하였다. 또한 밈 현상과 유사하게 반복재생, 확대되면서 시리즈 형태로 조어된 (X(홈X)-족), (X(혼x)-족), (X(편X)-족), (X(X캉스)-족)의 반복재생 양상을 살펴보았다.

Today》2019년 7월 9일자. http://www.digitaltoday.co.kr/news/articleView.html?idxno=212300

191 고현정, 〈현대카드, '홈캉스족 몰링족' 위한 8월 이벤트 진행〉.《SEN서울경제TV》 2019년 8월 9일자. http://www.sentv.co.kr/news/view/558624

먼저 대상별 분류 중 연령별 (X-족) 신어를 살펴보면 가장 많이 반영된 연령대는 20대로 등록금·취업난으로 힘들어하는 20대의 현실을 보여 주었고, (X-족) 신어에 젊은 세대 중 주로 대학생이 반영되고 있어서 대학생이 아닌 20대의 삶이 소외되어 있음을 볼 수 있었다. 취업난 등으로 부모에게서 독립하지 못하는 모습과 부모의 경제 정도에 따라 젊은 세대들의 삶에 격차가 있음을 (X-족) 신어 속에서 확인해 볼 수 있다.

젊은 세대와 함께 신어에 많이 등장하는 세대는 노년층이다. 현대사회의 변화에 잘 적응하는 노년층의 모습과, 경제적 지원 등 가족 내에서 조부모로서의 역할을 적극적으로 담당하는 모습을 반영하고 있었다. 노년층의 고독사, 빈곤한 노후생활 등 부정적인 현실은 (X-족)에 잘 반영되어 있지 않았다. 그 외에 자신이 행복하게 사는 것을 최우선으로 생각하는 30대, 젊게 사는 40대, 성인 자녀와 노부모를 동시에 부양해야 하는 중장년층의 현실이 단편적으로 반영되어 있었고, 영유아나 10대만을 단독으로 지칭하는 (X-족) 신어는 없었다.

성별로 보면 (X-족) 신어 속 여성은 경제력과 지식, 능력을 갖추고 자격증을 지닌 합리적이고 세련된 취향의 여성, 다양한 연령층의 여성, 주체적인 여성의 모습을 보이고 있었다. 여성의 (X-족) 신어에 비해 남성 (X-족) 신어는 외모, 패션, 소비 등 남성의 제한된 면만을 부각하고 있어서 소극적인 일면을 보여 준다는 특징이 있다.

대상별 분류 중 연령별, 성별 외에 (X-족) 신어에 많이 등장한

계층은 직장인이다. [X-족] 신어 속 직장인들은 바쁜 일상을 보내고, 스마트폰을 활용하고, 편의점 공간을 이용하는 모습을 보였다. 또한 디지털화된 직장인들의 업무 환경과 방법이 반영되어 있다.

대상별로 [X-족] 신어를 살펴보면 주로 대학생으로 대표되는 젊은 세대와 직장인의 현실과 일상의 모습을 담아내고 있는 것이 특징이다.

분야별 분류 중 의식주생활 분야의 의생활 관련 [X-족] 신어는 불편한 스타일을 버리고, 편하고 자유로운 경향을 반영하고 있다. 식생활과 관련해서는 혼자 집이나 편의점에서 음식을 먹는 모습을, 주생활과 관련해서는 가족문화나 경제적 이유 때문에 자발적으로 집에 머무르는 것을 즐기는 모습과 일상을 즐기면서 삶의 에너지를 공급받고 누리는 공간으로서의 집을 반영하고 있다. 부동산 관련 [X-족] 신어는 주로 매수하는 사람이나 수익을 얻는 사람과 관련된다. 부동산 [X-족] 신어는 경제력 있는 계층을 편향되게 반영하고 있으며 월세를 살고 치솟는 전세가와 매매가에 힘들어하는 서민의 현실은 반영하고 있지 않았다. 빈익빈 부익부 현상의 심화 양상과도 연관되고, 서민들의 집에 대한 욕망이 [X-족] 신어에 반영된 것으로 보인다.

경제와 교육·환경 분야의 경제 관련 [X-족] 신어에는 경제난을 극복하려는 검소하고 합리적이고 스마트한 소비생활과 목돈마련을 위해 노력하는 모습 등, 경제난과 연관되거나 극복하려는 현상이 반영되어 있다. 교육 관련 [X-족] 신어는 수적으로 많이 조어되지는 않았다. 교육 관련 [X-족] 신어는 주로 아이들보다는 부모를 반영하고 있고, 영유아나 10대 등 어린 자녀들은 대상화되어 반영되었다. 연령별 분류에서 유아, 10대들을 반영한 신어들이 발견되지 않은 점과 교육 분야의 [X-족] 신어가 많지 않은 것, 또 어린 자녀들을 대상화한 점은 상응하는 면이 있다. 환경 분야의 [X-족] 신어는 샴푸, 화학품, 미세먼지에 대한 거부와 환경문제에 있어 대책이 쉽지 않은 우리의 씁쓸한 현실을 반영하고 있다.

문화 분야는 디지털화, 디지털 문화를 반영한 [X-족] 신어가 꾸준히 활발하게 조어되고 있어 디지털 문화의 강세를 보여 준다. [X-족] 신어 속 디지털 문화는 디지털 환경에 빠르게 적응하고, 새로운 인맥 관계를 형성하며, 사무를 편리하게 처리한다. 또한 신변잡기, 여행, 반려동물 키우기 등 생활 영역과 상품 구매 등 경제 분야에 이르기까지 광범위한 양상을 보인다. 디지털 문화는 경제 분야에서 편리성을 강화시켜 주고 오프라인과 온라인의 경계를 넘나드는 양상을 보이며, 교육 분야에서는 디지털 학습기기 활용과 그로 인한 학습 공간 확대에 영향을 주었다. 또한 디지털 문화는 노년층으로 확장해 가는 특징을 보인다.

한편 일인가구 문화가 많이 포착되는데, 일인가구가 늘고, 개인주의가 팽배하고, 경제난·취업난 등으로 넓은 인간관계를 맺기가 부담스러운 사람들이 주로 '혼자서' 일상을 보내고, 편의점을 이용하고, 다양한 방법으로 쉼과 취미를 즐기는 것과 연관되어 있음을 알 수 있다.

밈 현상처럼 반복재생되며 확대되는 양상의 시리즈형 [X-족]

신어 중 [X[혼X]-족], [X[편X]-족], [X[X캉스]-족]의 반복재생 양상을 살펴보았다. 시리즈로 조어되는 [X[혼X]-족]류, [X[편X]-족]류, [X[X캉스]-족]류의 반복재생 양상을 두 가지 기준, 곧 첫째 형태반복형이냐 의미반복형이냐, 둘째 반복형태가 접미형태인가 접두형태인가에 따라 세 가지 유형으로 정리해 볼 수 있다.

Ⅰ유형인 [X[혼X]-족]류는 [X[혼X]-족] 형태를 유지하면서 신어를 생성하는 유형과, 의미는 유사한 다른 형태 '홀, 일, 미'로 생성되는 양상을 보인다. [X[혼X]-족]류의 신어 생성 초기에는 일인가구 · 일인문화에 대해 부정적인 사회문화적 현실을 반영하다가 점차 일인, 혼자 하는 문화를 적극 즐기고 개인의 행복과도 연관시켜 확대돼 가는 양상을 보인다.

Ⅱ유형(형태 재생, 접두형태 재생)인 [X[편X]-족]류와 Ⅲ유형(형태 재생, 접미형태 재생)인 [X[X캉스]-족]류의 반복재생 양상은 형태구조를 유지하는 양상을 보인다. [X[편X]-족]류의 'X'는 구매 행위의 대상을, [X[X캉스]-족]의 X는 바캉스의 시기, 장소, 행위 종류 등 다양한 의미를 표현하였다.

[X[편X]-족]류 신어에 반영된 편의점의 사회문화적 의미는 주로 간편하게 이용할 수 있는 물품을 구매하는 것으로서 편리성이 강조되어 있고, 젊은 세대, 일인가구, 직장인들이 간단하게 저녁을 해결하고 카페처럼 다양하게 이용하는 공간임을 알 수 있다.

[X[X캉스]-족]류는 X에 장소 또는 행위의 종류가 반복재생 확대되었다. 홀캉스족은 '혼자'의 의미인 '홀'의 합성으로 구성된 것으로, 바캉스 · 휴가에도 일인문화의 영향이 미친 것을 볼 수 있다.

참고문헌

자료

국립국어원,《2010년 신어 자료집》. 국립국어원, 2010.

국립국어원,《2012년 신어 자료집》. 국립국어원, 2012.

국립국어원,《2013년 신어 기초조사자료》. 국립국어원, 2013.

국립국어원,《2014년 신어》. 국립국어원, 2014.

국립국어원,《2015년 신어》. 국립국어원, 2015.

국립국어원,《2016년 신어 조사 및 사용 주기 조사》. 국립국어원, 2016.

국립국어원,《2017년 신어 조사》. 국립국어원, 2017.

국립국어원,《2018년 신어 조사》. 국립국어원, 2018.

국립국어원,《2019년 신어 조사》. 국립국어원, 2019.

논저

강희숙, 〈'사람' 관련 신어에 담긴 한국인의 정서와 문화〉,《한국언어문학》95
　　호, 2015, 7~28쪽.

고종훈, 〈유진그룹 임직원들이 가장 선호하는 여름휴가 기간은 7말8중〉,
　　《Digital Today》2019년 7월 9일자.

고현정, 〈현대카드, '홈캉스족 몰링족' 위한 8월 이벤트 진행〉,《SEN서울경제
　　TV》2019년 8월 9일자.

김정아 · 김예니 · 이수진, 〈신어의 [+사람] 어휘의 형태 · 의미적 특성: 2002,
　　2003, 2004, 2005, 2012년 신어를 중심으로〉,《어문론총》58호, 2013,
　　51~76쪽.

김환 · 임진희, 〈신조어를 활용한 사회적 현상 아카이빙 방안 연구〉,《기록학
　　연구》52, 2017, 315~346쪽.

남길임 · 송현주 · 최준. 〈현대 한국어 [+사람] 신어의 사회 · 문화적 의미〉,
　　《한국사전학》25호, 2015, 39~67쪽.

박광길, 〈인터넷 밈의 언어적 성격 고찰〉,《인문과학연구》66, 2020, 5~26쪽.

박동근, 〈[X-남], [X-녀]류 통신언어의 어휘 형성과 사회적 가치 해석〉,《사

회언어학》20(1), 한국사회언어학회, 2012, 27~56쪽.

박선옥, 〈2015-2017년 [+사람] 신어의 사회문화적 의미 연구-사람의 성향과 가치, 외모와 패션, 요리와음식, 결혼과육아, 교육, 정치와 행정 제도분야〉, 《문화와 융합》41(4), 2019, 977~1008쪽.

변수연, 〈편도족에 이어 뜨는 '편과족 편채족'…과일 채소도 편의점에서〉, 《서울경제》2017년 10월 6일자.

셰리 터클, 《대화를 잃어버린 사람들》, 황소연 옮김, 민음사, 2018.

손정빈, 〈편의점도 복합문화공간 만든다〉, 《뉴시스》2019년 10월 13일자.

손춘섭, 〈[+사람] 신어 형성 접사의 생산성과 의미 특성에 관한 연구〉, 《한국어의미학》39, 2012, 253~289쪽.

양문아, 〈신어 '-족' 파생어의 원형효과로 본 파생법 습득모형 고찰〉, 《어문론총》70, 2016, 65~80쪽.

유영성, 〈초연결사회와 우리의 수준〉, 《이슈&진단》129, 2014. 1~26쪽.

윤병무, 〈'나홀로족'으로 산다는 것〉, 《동아사이언스》2016년 8월 13일자.

이진성, 〈신어에 반영된 사회문화상과 변화의 양상〉, 《사회언어학》 제25권 4호, 2017, 87~117쪽.

임욱정, 〈한국어 'X족(族)'유형에 대하여: 2013-2014년 신어 자료를 중심으로〉, 《관악어문연구》41, 2016, 311~330쪽.

장희정, 〈우리 집을 누린다…집돌이·집순이의 진화 '홈족'〉, 《경향신문》2019년 3월 16일자.

정성미a, 〈[X-족], [X-남], [X-녀] 신어의 형태·의미적 연구〉, 《어문론집》84, 2020, 147~188쪽.

정성미b, 〈[X-족] 신어에 투영된 2010년대 우리의 삶〉, 《인문언어》22(2), 2020, 339~374쪽.

정한데로, 〈'신어의 삶'에 관한 탐색-2002년-2004년 신어를 중심으로-〉, 《국어학》83, 2017, 119~152쪽.

최고나, 〈그들이 혼자 밥을 먹는 이유, '혼밥족' 그들을 논하다!〉, 《대전일보》2014년 3월 25일자.

W. 데이비드 스티븐슨, 《초연결》, 김정아 옮김, 다산북스, 2019.

2부

역사 속 이질성 양상

장성長城을 넘어,
공존과 소통의 시대로

남의현

프롤로그

지금 우리는 역사상 유례가 없을 정도로 변화의 속도가 빠른 시대에 살고 있다. 기계문명이 발달하지 않았던 과거 수만 년의 변화를 단기간에 능가하는 빠른 변화가 일어나고 있는 시공간 속에 놓여 있다. 이전 시대와 비교하여 그 변화를 강렬하게 느끼게 하는 두 가지는 인공지능의 발전과 가상공간의 확대일 것이다.

과거에도 색다른 문화, 다른 민족 등 이질적인 것들과의 만남은 늘 있었다. 그렇지만 오늘날의 인공지능이나 가상공간 같은 것은 존재하지 않았다. 과거의 이질적인 것들은 휴머니즘적 관점에서 공존이 가능한 것들이었다. 이에 반해 초연결시대의 이질적인 것들, 곧 휴머니즘만으로 해결할 수 없는 슈퍼 인공지능의 등장 앞에서 인간의 깊은 고뇌가 과거와는 다르게 시작되었다는 데 문제의 심각성이 있다. 〈터미네이터〉와 같은 미래 영화에서 보듯이, 인간의 영역을 침범하고 지배할지도 모르는 첨단 기계들과 어떻게 공존하고 관계를 맺고 살아야 하는지에 대한 명확한 답이 없어서 우리의 뇌는 혼란스러울 뿐이다.

먼 미래를 상상해 보면 인간은 본의 아니게 인공지능이 시키는 대로 해야 하는 노예가 될 수 있다는 주장이 있는가 하면, 아무리 능력이 뛰어난 인공지능이라 할지라도 인간을 능가할 수 없으므로 기계는 결국 인간이 지배하는 피조물로 머물 수밖에 없다는 양자의 견해가 우리를 혼란스럽게 한다. 여기에 더해 우리 삶의 일부가 되어 버린 무한한 가상공간은 인간의 삶의 방식을 변화시키고 있다. 인간중심적인 윤리관과 세계관으로 이러한 이질적인 것들과 더 이상 공존하기 힘들다는 위기감이 도래하는 동시에, 인공지능이 고도로 발전된 사회가 운명처럼 도래한다는 것이 더욱 우리의 미래를 불안하게 한다.

알파고와 같은 인공지능이 인간의 두뇌를 능가한 것은 이미 오래전 이야기가 되어 버렸다. 생활 곳곳에서 빠르게 인공지능을 이용한 자동화가 진행되고 있다. 자율주행 자동차가 이미 시운전 중이며 로봇이 음식을 배달하고 있다. 스마트폰 하나로 원격 조정을 통해 원터치로 인간의 의식주 등 삶의 문제를 해결할 수 있다. 이런 것은 모두 초연결시대의 서막을 알리는 시작일 뿐이다. 이러한 변화들은 인간에게 편리함을 주지만, 동시에 좀 더 시간이 지나면 예측하기 어려울 정도로 지능과 판단이 고도화된 인공지능이 등장할 것이며, 그들이 인간의 감정을 흉내 내고 인간을 감시하는 초정밀 사이버 출현도 예고하고 있다. 미래에 인공지능이 국가, 조직, 개인을 관리하는 사회가 찾아올 것이고 어쩌면 인간은 인공지능보다 쓸모없는 잉여인간이 될 수도 있다는 우려도 나오고 있다.

우리는 그들 앞에서 인간중심의 윤리와 가치가 시대에 뒤떨어진 것임을 느끼며 새로운 가치와 법을 만들고 그들과의 갈등을 해결할 새로운 대안을 모색하기 시작해야 하는 시대에 살고 있다.

과거에 볼 수 없었던 것으로 인간을 고뇌에 빠뜨린 또 하나의 화두는 가상공간이다. 그동안 인간은 인간중심주의 사회에서 신체를 이용해 물리적 공간을 오가며 생존, 공존, 교류 등을 모색했다면 지금은 가상공간 속에서 삶을 영위하는 시대 속에 살고 있다. 인간중심주의는 인간이 세계의 중심이며 인간만이 물리적 공간 속에서 세계를 변화시킬 수 있고 인간만이 문명 발전의 원동력이라고 믿는 견고한 믿음 체계였다. 인간과 인간의 만남이 주된 생활방식의 중심이었다. 하지만 이제는 이전에 경험하지 못했던 가상공간이라는 환경이 또 하나 생겼다. 스마트폰 속의 공간, 온라인상의 공간은 인간의 생존에 영향을 미치는 미래의 또 다른 세계이자 우주이다. 가상공간은 이미 우리 생활의 일부이자 분신이 되어 가고 있다. 우리는 우리의 몸과 마음을 가상공간 속에 몰입시키고, 그 공간을 자신의 일부로 인식하는 현실적인 존재로 변해 가고 있다. 우리는 이처럼 세계가 하나로 연결되는 초연결 시대 속에서 이질적인 인공지능과 가상공간을 접하며 적응해 가고 공존해 나가는 시대에 살고 있다.

인간과 기계가 결합하는 사이버는 어디까지가 인간이고 어디까지가 기계일까? 이런 문제는 새로운 가치관, 법, 세계관 등을 필요로 하며, 우리는 그들과 공존해야 한다. 여기에서 우리의 선택이 요구된다. 여전히 미래 사회를 예측하지 못하고 인간중심주의적인 사고로 미래를 맞이할 것인가, 아니면 개방적인 소통과 세계관의 변혁과 변화를 통해 그들과 공존할 것인가의 선택이 남았다.

결론적으로 여전히 인간중심주의를 고집하면서 기계를 적대시하고 가상공간을 피해 어디론가 숨는다면, 인간은 결국 고립되고 기계와 갈등 구조로 갈 수밖에 없을 것이다. 미래 사회는 이질적인 사이버 기계와 인간이 공존하고 소통해야 하는 시대이다. 인간이 기계와 소통하고 공존을 모색할 때 인간의 자유와 평등이 보장되는 시대를 맞이할 수 있을 것이다.

역사를 살펴보면 초연결시대처럼 이질적인 문명과 만나고 충돌하는 시대가 있었다. 이질적인 문명과의 충돌 속에서 어떤 문명과 국가는 살아 남았고 어떤 국가는 소멸하였다. 이질적인 문명과의 만남 속에서 때로는 문화가 다양성을 띠기도 하고, 갈등을 겪을 때 전쟁으로 문명이 붕괴하기도 하였다. 본 글은 이러한 이질적인 문명과의 공존과 충돌의 문제를 역사 속 중국 만리장성을 중심으로 살펴보려 한다. 소통과 공존의 문제는 이질적인 것의 종류와 상관없이 과거나 현재 모두 공통되는 주제이기 때문이다.

중국사에서 이질적인 문명과 문명이 만나는 상징적인 장소는 장성長城이다. 장성을 사이에 두고 이질적인 두 문명인 농경문명과 유목문명이 대립했다. 진秦나라를 건설한 진시황제는 정복한 6국의 성을 연결하여 장성을 축조하였다. 장성은 이질적인 북방문명으로부터 중화문명을 보호하기 위해 축조한 거대한 성벽이다. 진秦 · 한漢 · 명明나라는 장성을 높게 축조하여 문명 간의 소통과 교류를 차단하였고, 그 결과 이민족과의 소통이나 정보의 부족으로 전쟁이라는 비극으로 역사를 마감하기도 하였다. 당唐나라와 같이 이례적으로 국력이 강할 경우 장성을 확장해 나가면서 문화를 개방적으로 국제화시키는 예외적인 경우도 있었다.

다른 한편 장성의 벽을 허물어뜨리고 문화를 융합시킨 국가들도 있었다. 대부분이 유목국가들이었다. 5호胡, 요遼, 금金, 원元, 청

淸이 대표적인 국가들이다. 이들은 장성을 넘어 융합을 요구했고 보수적이고 폐쇄적인 장성을 무력화시켰다. 이를 통해 남과 북은 신속하게 융합되었고 문화 현상도 더욱 다양하게 형상되었다.

이러한 장성을 둘러싼 역사는 21세기 초연결시대에 다양한 시사점을 준다. 장벽을 쌓고 시대적 흐름을 파악하지 못한 채 기존의 패러다임만 고집하는 폐쇄적이고 과도한 민족주의를 주장하는 국가와 문명은 오래가지 못하고 소멸한다는 것을 장성의 역사는 잘 보여 주고 있다. 장성의 역사는 벽을 헐고 다른 이질적인 존재와 소통할 때 공존할 수 있음을 알려 준다.

세계의 모든 현상에는 양면성이 있다. 미래의 인공지능과 가상 공간의 도래는 인간에게 독이 될 수도 이익이 될 수도 있다. 그것은 우리가 어떻게 그들과 공존의 방법을 모색하느냐와 관련이 있다. 우수한 민족이 열등한 민족을 강제로 밀어내듯, 초연결시대에 인간과 기계가 대립의 구도로 간다면 인간이 기계에 점령당하는 시대가 올 수도 있다. 반면 인간과 기계가 주인과 노예로서 대립하는 관계가 아니라 서로 공존하고 소통하는 패러다임을 만들 수 있다면 인간이 기계에 의해 소외될 가능성은 줄어들 수도 있다.

본 글은 장성을 둘러싼 이질적인 문명의 융합과 충돌에서 초연결시대 공존의 패러다임을 찾아보려는 시도이다. 과거 역사시대 이질적인 대상은 초연결시대의 그것과 다르지만, 이질적인 것을 대하는 인간의 태도에 따라 문명의 흥망성쇠가 좌우된다는 본질적인 측면은 동일하다. 이질적인 문화를 적대적으로 대하느냐, 공존의 대상으로 대하느냐에 따라 국가의 성격과 문화 발전의 방향, 그리고 공존의 실현 등이 결정되는 기본 원칙은 같다고 할 수 있다. 장성의 역사를 살펴보면 북쪽에서 밀려오는 이질적 문화를 야만과 비문명으로 인식하고 공존과 소통을 거부한 국가는 결국 전쟁과 같은 난국에 처하였다. 그러나 소수지만 만리장성을 넘어온 개방적인 북방민족은 물리적·비물리적 벽을 제거하면서 다수의 인구를 지배하는 데 성공하였다. 이로써 그들은 초원의 문화를 중원에 이식시키고 유목문명을 전파하면서 다채로운 중국 문화를 형성하는 기초가 되었다. 이처럼 6천 킬로미터의 만리장성을 둘러싼 공방 속에는, 우리가 미래를 준비할 수 있는 공존의 역사가 숨어 있다.

21세기는 고정관념에 사로잡힌 장벽을 넘어 빠르게 다가오는 이질적인 것과 공감하는 도덕적이고 윤리적인 감수성을 더 필요로 한다. 이러한 이질적인 것에 대한 공감과 공존의 역사는 장성의 역사 속에도 선명하게 남아 있다. 본 글은 이질적인 문명의 충돌을 공존의 역사로 바꾼 장성의 역사와 문화를 통해 21세기 인공지능 시대에 대처할 수 있는 공존과 소통의 방법을 모색해 보고자 한다.

진과 한나라 장성, 공존을 포기한 단절의 장벽

중국에서 장성은 위대한 존재로 인식된다. 1961년 국무원에 의해 제1급 국가문물 보호단위로 지정되고, 1981년 유네스코 세계문화유산에 등록된 '역사적 기념비', '세계의 기관奇觀'으로 중화민족의 유구한 역사문화를 전파하고 중외 문화 교류를 촉진하는 상징적인 기념물이다.

'왜 장성을 만들었을까'라는 가장 기본적인 질문을 고민해 볼 필요가 있다. 일반적으로 중화민족이 북방민족을 방어하기 위해서라 고 말할 수 있을 것이다. 인간은 안정된 생활을 영위하기 위해 우선 이질적인 타자의 침입에 대비하여 주위에 장애물 벽으로 구획을 짓는다. 이는 민족과 관계없이 매우 당연한 본능적 발상으로 세계 모든 민족에 해당한다. 역사를 살펴보면 장성은 북방과 남방의 문화가 만나는 소통의 장이 되기도 하였다. 변경 지역에서 이루어지는 수많은 교류와 교역이 그 증거가 될 수 있다. 그러나 기본적으로 성벽의 기능은 폐쇄적인 방어이다. 6국을 통일한 진秦나라는 철저한 단절의 벽으로서 장성을 수축하였다. 진시황제는 장성을 철저하게 북방 방어선으로 구축했다.

> 진은 천하를 다 병합하자, 곧 몽염蒙恬에게 30만을 거느리고 출병하도록 하여 북방에서 융적을 축출하고 황하 남쪽을 지배 하에 두었다. 장성을 수축하고 지형에 따라 요해지를 설치하고 임조臨洮로부터 요동遼東에 이르렀는데, 그 길이가 1만 리였다.

《사기史記》〈몽염전蒙恬傳〉의 한 부분이다. 여기서 임조臨洮는 현재의 감숙성甘肅省 난주蘭州의 남쪽 약 180킬로미터에 있는 민현岷縣으로 추정된다. 통일된 중국, 나아가 중국은 통일되지 않으면

안 된다는 관념이 있었던 진의 중국 통일은 기원전 221년에 완성되었다. 진왕이 된 지 26년 만에 6국의 통일이 이루어졌으며, 장성의 수축은 중화의 통일인 동시에 장성 북쪽 이질적인 흉노匈奴 등의 유목문명과의 소통 단절을 의미하는 것이었다.

진시황제에 의한 중국 통일과 그 후의 정치 실행은 2개의 키워드로 정리할 수 있다. 하나는 중앙으로부터의 통제를 확실하게 하는 '통일적 집권'이고, 다른 하나는 흉노를 중심으로 하는 북방민족의 침입을 막는 것이었다.

북방에는 '하투河套(오르도스)라고 불리는 황하黃河의 만곡부가 있다. 이곳에는 훈육獯鬻, 험윤玁狁 견융犬戎, 서융西戎 등의 유목민족이 오랫동안 살고 있었다. 진에 의한 중국 통일 사업이 진행되는 동안 북방 방어체제가 약화된다면 진시황제의 통일은 이민족의 침입에 의해 와해될 수도 있었다. 이에 진시황제는 전국을 통일한 6년 후 장군 몽염에게 하투 지역에서 북방민족을 축출하라는 명령을 내렸다. 진의 수도 함양咸陽의 안정을 위해서였다. 곧, 황하 북쪽 서북방을 중심으로 머무르고 있는 흉노를 더 북쪽으로 축출하고, 하투를 좀 더 확실하게 확보함으로써 수도 함양을 보호하려는 목적이었다.

몽염의 장성 수축은 총 6년간 진행되었다. 이를 처음 기록한 《사기》〈몽염전〉과 〈흉노전匈奴傳〉에서는 "산의 험준함을 경계로 삼고 계곡을 이용하여 해자를 팠으며 수축해야 할 곳에는 공사를 하여 임조로부터 요동에 이르기까지 1만여 리"라고 하였다.

몽염의 원정은 흉노를 하투의 땅에서 축출하여 중원을 보호하기 위한 것이었으며, 방어선을 구축하여 그들과 교류를 단절하는 것이 주 목적이었다. 이에 더하여 하투로 연결하는 직도直道를 건설하였다. 이 직도는 신속한 군사 출동을 고려한 것으로 그들과 소통하기 위해서가 아니라 군사적 위협을 통해 단절하려는 목적을 가졌다는 의미에서 또 다른 장벽이었다. 흉노가 장성을 허물고 넘어올 때를 대비하여 황토를 견고하게 다진 총 9백 킬로미터의 도로를 닦았고, 이러한 직도를 통해 함양과 변경 장성과의 유기적인 연계를 도모하고자 하였다.

이러한 사업을 진행하던 와중에 시황제에게 죽음이 찾아왔다. 시황제의 죽음은 진의 종말이었고 환관 조고趙高의 농간으로 몽염 역시 죽음에 처해졌다. 몽염의 죽음은 장성 수축의 마지막을 의미하였다. 사마천司馬遷은 〈몽염전〉에서 진나라 장성에 대해 다음과 같이 매우 엄한 평가를 하고 있다.

몽염이 쌓은 장성과 요새를 보니 산을 깎아내리고 골짜기를 메워 직도를 통하게 하였는데, 이것은 참으로 백성의 노고를 가벼이 여긴 것이다. 왜냐하면, 진나라 초기로 말하면 제후들을 멸하여 천하의 인심이 안정되지 못하였고 상처가 아물지도 않았다. 몽염은 명장이었다. 그러나 강력히 간언하여 백성의 위급함을 구제하고 노인과 고아를 부양하여 모든 백성에게 평화를 주려고 힘쓰지 않았다. 오히려 시황제의 야심에 동조하여 공사를 일으켰으니 그들 형제가 죽임을 당한 것도 또한 마땅하지 아니한가?

요약하면, 진나라의 장성은 '중국은 하나'라는 통일성과 유일성을 구하고자 축조된 것이었으나, 그것은 만리장성 이남에 해당하는 내지의 통일에 불과하였다. 장성 북쪽은 소통하기 싫은 오랑캐의 지역이었고 야만의 지역이었다.

시황제가 죽고 8년 후 혼란의 와중에 세력을 키워 재차 중국을 통일한 것은 한나라 고조 유방劉邦이었다. 유방은 현재의 강소성江蘇省 서북부에 해당하는 패군沛郡의 농민 출신으로 신속하게 황제가 되었다. 이 시기 흉노는 부친을 죽이고 즉위한 묵특선우冒頓單于가 몽골 고원을 중심으로 동서로 세력을 확장하며 한나라 영역으로 침공을 되풀이하고 있었다. 한나라 역시 장성 수축을 통해 북방과의 소통을 원하지 않았다는 점에서 진과 공통점이 있었다. 이는 결국 그 영역을 북으로 확장하여 장성을 구축하고 장성 선線으로 영토를 구분하던 진의 정책이 그대로 한나라로 계승되었음을 의미한다. 그런 의미에서 한나라의 통일도 내부의 통일에 그치는 불완전한 통일이었으며, 이질적인 북방왕조와의 공존과 소통을 포기함으로써 갈등의 구도로 가는 기본적인 모순을 가지고 있었다. 이러한 갈등 구도는 한나라 초기부터 발생하였다. 통일제국의 초대 황제 한고조 유방이 만리장성에서 흉노에게 포위되는 사건이 발생한 것이다. 이후 한나라는 성벽의 장벽을 높이고 한나라 공주를 흉노에게 시집보내는 '화친정책和親政策'을 표방하며 중화문명을 보존하고자 하였다.

그러나 한무제武帝가 즉위하면서 상황이 반전되기 시작하였다. 무제는 경제景帝 시대에 일어난 '오초칠국吳楚七國의 난亂'(기원전

154)과 같이 중앙정부의 통제력을 방해하는 동성 제후 세력을 완전히 약화시킴으로써 강력한 중앙집권 정권을 구축했다. 흉노에 대해서도 종래와는 다른 자세를 취하였다. 단명한 진나라가 적극적 방어에 치중했다면 한나라는 적극적 방어와 군사적 공세, 그리고 장성 수축을 병용하는 다양한 전략을 전개하였다. 물론 그들과 공존을 모색하려는 시도가 없었다는 점에서는 진나라와 대동소이할 수도 있다.

원광元光 2년(기원전 133) 명장으로 평가받는 위청衛靑과 곽거병霍去病 그리고 이광李廣 등을 파견하여 산서山西 북부로부터 흉노를 축출하고 나아가 서쪽으로 군사를 보내 하서회랑河西回廊을 장악하였다. 군사적 공세의 성과를 확실히 하기 위하여 장성도 빠르게 수축하였다. 한의 기본 정책은 이질적 문명과의 소통이나 공존이 아니라 이들에 대한 적대와 군사적 공격이 주 방향이었다.

한무제에 의한 장성 수축이 진나라와 다른 점은 서역으로 향하는 새로운 장성 선을 수축하였다는 것이다. 장성 선을 서쪽으로 연장하는 공사는 대체로 원수元狩 2년(기원전 121)에 영거令居(현재의 난주 북쪽)로부터 주천酒泉까지 약 6백 킬로미터에 걸쳐 진행되었고, 또한 원정元鼎 6년(기원전 111)부터 원봉元封 원년(기원전 110)에는 주천으로부터 멀리 돈황敦煌을 지나 옥문관玉門關에 이르는 약 4백 킬로미터와 이에 더하여 주천 동쪽에 위치한 장액張掖으로부터 거연居延까지의 지선支線이 북으로 연장되었다. 이른바 하서河西 4군郡이다. 이것들은 오로지 흉노의 위협으로부터 서역으로 가는 교통로를 지키려는 목적에서 만들어진 것으로, 전체 1,300킬로미터가 넘으며 그 서쪽 끝은 옥문관으로부터 염택鹽澤(곧 라포박羅布泊)까지 연장되었다. 한의 장성은 진을 계승하여 서쪽으로 확대한 것으로, 역대 가장 긴 길이였다. 한무제의 50년 넘는 장기 집권과 급격한 확대 방침은 그 자체로 사회에 나쁜 영향을 주었다. 그 후 한의 국력은 쇠퇴하기 시작하였고, 끝내는 무제로부터 3대에 해당하는 원제元帝(재위 기원전 47~33)의 황후 왕씨王氏의 일족이 정권을 탈취하여 마침내 거섭居攝 3년(8)에 한을 멸망시켰다.

외척 왕망王莽이 찬탈하여 세운 신新 왕조는 결국 반란군의 봉기로 단명하고 유수劉秀가 권력을 장악했다. 유수는 낙양洛陽에 도읍을 정했으니 그가 바로 후한後漢 광무제光武帝이다. 그는 기존의 장성을 보강하여 낙양을 중심으로 서쪽은 함양에서 동북으로 뻗어 이석離石까지, 그리고 함양의 동쪽 고릉高陵으로부터 동쪽의 안읍安邑까지, 북방은 태원太原으로부터 동쪽의 정경井陘까지, 그 외 북의 평성平城(대동)으로부터 대代를 경유하여 동남에 있는 응창應昌(내원淶源)까지, 그리고 동북방으로 중산中山(정현定縣)에서 남쪽의 위군魏郡(임장臨漳)까지 계속 축조하였다. 이것은 옛날 장성 선보다 매우 남쪽에 위치하며 수도 낙양을 흉노로부터 방어하기 위한 것이었다.

이처럼 한나라 시대는 적극적인 장성 확장과 북방 진출의 시기였지만, 그 기본 목적은 북방을 장악하기 위한 경제적·군사적 목적이 주였다. 그런 의미에서 북방민족과 교류하고 공존하기 위한 것이 아님을 알 수 있다.

장성을 넘은 문화 공존의 시대, 5호 16국

한이 멸망한 이후 개방성이 강한 초원지대에서는 흉노의 분열과 남흉노의 남하, 북흉노의 서쪽으로의 이동에 의해 공백이 생겼고 몽골고원에서 선비鮮卑족이 성장하고 있었다. 선비족의 모용부慕容部와 탁발부拓跋部가 세력을 키워 장성 선을 쉽게 넘어 남방으로 진출하였고, 8왕의 난으로 방어력이 없던 진晉의 영역 안에서 흉노·갈羯·강羌·저氐 등이 자립적인 활동을 전개하기 시작하였다. 이들을 합쳐 5호五胡라고 통칭하였으며 이들의 시대가 '5호 16국 시대'로 화북華北 지역이 그들의 수중으로 들어갔다. 화북 지역은 5호에 의한 왕조의 흥망이 끊이지 않아 16개의 국가가 난립하였다. 16국은 이들 북방민족이 중원으로 진출한 후 한족들과 뒤섞이며 세운 국가들로 전조前趙, 후조後趙, 전연前燕, 성한成漢, 전량前涼, 전진前秦, 후진後秦, 후연後燕, 서진西秦, 후량後涼, 남량南涼, 서량西涼, 북량北涼, 남연南燕, 북연北燕, 하夏 등이다.

화남華南 지역은 동진東晉 이래 송宋, 제齊, 양梁, 진陳 왕조가 지속되면서 '6조六朝'라고 부르게 되었다. 이제 중국은 명확하게 남북으로 나뉘어 각자 영향을 발휘하면서 자존적인 역사 전개를 보여주었다. 북방민족 출신자들이 화북 지역을 주도하면서 한인漢人들의 강남 이주가 진행되었는데, 이로 인해 강남이 개발되어 이 지역의 농업생산력이 높아졌다. 이로써 정치 중심으로서의 역사적 전통을 가진 화북의 황하 유역과 신흥 경제중심으로서의 강남 지방이라는 도식이 나타났고 중국에서 남북이 구분되었다. 이처럼

5호 16국 시대에는 화북의 장성이 허물어지면서 이질적인 한족의 문화와 북방의 문화가 융합 공존하는 현상이 일어났다.

우선 북방민족이 중원의 문화에 융화되는 한화漢化 현상이 발생하였다. 말 위에서 천하를 얻을 수 있지만 말 위에서 천하를 통치할 수는 없었다. 흉노가 건립한 전조는 흉노의 성을 버리고 유씨 성을 사용하였으며, 개국 시기에는 한漢이라는 중국식 왕조 이름을 사용하여 '전조前趙'를 '한조漢趙'라고 칭하기도 한다. 사서에 따르면, 전조를 세운 유연劉淵은 경서와 사서·군사서 등 중국의 한문 서적에 정통하여 주야를 가리지 않고 읽었다고 한다. 흉노족이 농업 지역으로 이주하는 과정은 후한 광무제 시기 남흉노가 산서 지방에 거주한 이후 2백여 년간 지속되었는데, 이 과정에서 흉노의 것을 버리고 한족의 문화를 수용하였다.

전조의 유요劉曜는 오랑캐와 한족을 구분하는 '호한분치胡漢分置'제도를 통해 황제로서 그리고 대선우大單于로서 한족과 흉노족을 모두 다스리고자 하였다. 수도 장안長安에 태학과 소학을 설립하여 흉노와 한인 자제 중 능력 있는 자들을 선발하여 유교를 교육시켜 두 민족을 다스릴 만한 인재를 육성하였다. 이러한 한족 중심의 교육은 흉노족이 한족의 의관을 입고 유교경전을 공부하고, 또한 평범한 흉노족은 농업에 종사하는 결과를 만들었다.

갈족이 세운 후조 역시 유교경전 교육을 강화하고 태학과 군국학郡國學 등 중앙과 지방에 학교를 세워 유교적 지식을 습득한 인재를 선발하는 등 중원의 문화에 적응해 나갔다. 후조를 세운 석륵石勒은 비록 한문에 정통하지는 못했지만 문학을 좋아했고, 문자를 몰랐으나 전쟁 중에도 유생들에게 틈틈이 책을 읽어 달라고 할 정도로 독서를 좋아하였다.

저족이 건립한 전진 왕조의 부견苻堅 역시 어릴 때 한 문화에 정통한 가정교사를 두고 공부하여 지극히 성품이 효성스럽고 박학다식하였다고 전한다. 그는 국가를 개창한 후 유교학자를 등용하여 정치를 개혁하고 경제와 문화를 발전시켰다. 이로써 중국식 예와 법을 이용하여 다스리는 유목민의 국가가 중원에 탄생하였다.

후진을 건립한 강족 역시 관중關中에서 장기간 한족들과 같이 생활하며 동화되었기 때문에 한족의 사상과 문화에 적응되었다. 특히 요흥姚興 시기에 유명한 유학자를 초빙하여 수천 명의 생도를 모아 유교를 강의하기도 하였으며, 타림분지의 오아시스 국가인 구자龜玆(쿠차)의 고승 구마라습鳩摩羅什을 각고 끝에 초빙하여 불교를 중원에 크게 전파시키기도 하였다.

북방의 문화가 전파되면서 화북 역시 북방의 기술, 문화, 풍습 등 과 융합되었다. 곧 한족의 호화胡化 현상이 나타난 것이다. 우선 북방민들의 뛰어난 목축 방법과 특유의 생산기술이 중원으로 유입되었다. 가사협賈思勰의 《제민요술齊民要術》은 북위 시대 선비족이 만든 대표적 농서로 말 등의 가축을 효율적으로 관리하고 사육하는 방법, 좋은 말을 구별하는 법, 먹이 주는 법, 모피 가공법, 유목지역에서 유행하는 빵과 치즈 제조법 등 북방의 기술들이 담겨 있었다. 근대 이전 최대의 농업기술서인 《제민요술》은 북위가 화북으로 들어온 이후 강수량이 적은 화북 지방의 기후적 특성을 고려하여 저술한 최첨단 종합적 목축과 농업기술이 담긴 책이었다. 북방의 물품과 풍속 역시 중원에 전파되었다. 호상胡床이라 불리는 북방식 의자와 그에 맞는 가구들도 중원에 널리 퍼졌다. 북방민족은 주로 초원지역에서 생활했으므로 받침이 높은 가구나 침대, 의자 등이 유행하였는데, 이러한 유목민들의 생활가구가 중원의 가구 문화를 변화시킨 것이다. 호상의 전파로 한나라 시대 이전 찬 바닥에 앉는 습속이 점차 의자 문화로 바뀌었으며, 이로써 앉았을 경우 저린 다리를 뻗는 예의 없는 한족의 습속도 사라져 갔다. 호상이 문화상, 생활상의 큰 변화를 가져온 것이다.

이외에도 오랑캐 복장인 호복胡服, 오랑캐 천막인 호장胡帳, 오랑캐 음식인 호반胡飯, 오랑캐 악기인 호적胡笛, 오랑캐 춤인 호무胡舞 · 호가胡歌 · 호락胡樂 · 호희胡戲(곡예) 등도 한족의 지배층과 피지배층을 막론하고 널리 전파되었다. 특히 초원지대의 경쾌한 음악이 큰 영향력을 발휘하였다. 악기 중에 호가胡茄 · 강적羌笛 · 비파 등이 널리 유행하였으며 서역 각국, 즉 선비 · 고창 · 천축 등 여러 나라의 음악이 유입되어 한족 음악과 융화됨으로써 전통음악의 색채를 더욱 풍요롭게 하였다.

호병胡餠(북방식 떡), 호초주胡椒酒, 오랑캐 방법으로 만든 죽에 해당하는 호갱胡羹 등도 중원에서 애용하는 식품으로 자리를 잡았다. 특히 북방민들이 좋아하는 육식, 우유, 치즈, 포도주 등 유목민족의 음식과 음료가 중원 깊숙이 침투하여 화북의 음식 문화를 변화시켰다. 화북 사람들이 북방 유목민의 언어를 배우는 것이 유행하였으며, 이는 한족의 언어 속에 다수의 북방 언어가 스며들어 결합하는 결과를 낳았다.

이처럼 중화의 상징인 장성이 무너진 5호 16국 시대는 정치, 경제, 언어, 예술 등 각 분야에서 상호 간 문화의 교류와 융합, 곧 한화漢化와 호화胡化 현상이 교차됨으로써, 이후 화북을 통일하는 선비족이 안정되게 북위를 건립하고 문화적 장벽을 없애는 데 중요한 역할을 하였다. 불교는 이러한 개방적 분위기 속에서 자연스럽게 중원으로 들어올 수 있었던 것이다.

16국 중 두각을 나타낸 것은 훗날 북위를 건국하는 선비족이다. 북위는 처음에는 문자도 법률도 없었으나, 점차 탁발부를 중심으로 36개 부족을 통일해 나가고 40만 기병을 확보하였다.

북위는 건국 초기부터 전진의 붕괴를 거울 삼아 안정된 통치와 부국강병을 국가의 목표로 내걸고, 이를 위해 선비족들의 구습 타파와 개혁, 그리고 낙양으로 이동한 후에는 화북의 문화를 배우는 한화에 적응하고자 하였다. 그리고 467년 효문제孝文帝가 많은 인구가 거주할 수 없는 대동大同(곧 평성)을 버리고 낙양으로 천도하면서 본격적으로 중원 지배의 기초를 닦아 나갔다. 낙양을 수도로 만들기 위해 수많은 선비족과 한족을 강제 이주시켰다. 천도 이후 낙양의 선비족은 중원의 문화에 적응하여 갔으며 대부분의 선비족은 중원을 안정되게 지배하려는 효문제의 한화 정책에 동화되었다. 이미 효문제 이전 탁발규拓跋珪가 모두 머리를 묶고 모자를 쓰도록 하였고, 효문제는 30세 이상은 조금씩 선비어로 말하는 것을 줄이고 30세 이하의 관원들에게는 선비어를 궁정에서 절대 사용하지 말고 한어 곧 정음正音을 말하도록 하였다. 또한 낙양으로 들어온 선비족은 남쪽에 매장하며 시신을 북쪽으로 옮겨 매장하지 못하도록 하고, 선비족의 전통의상이 아닌 중원의 복장을 입도록 하였다. 심지어 민족 복장을 고집한 황태자를 사형에 처하기도 했다. 초원지역에서의 복장을 버리고 선비족의 복장을 중원의 실정에 맞는 것으로 바꾸어 나간 것이다. 그리고 성씨도 모두 바꾸었다. 탁발拓跋 – 원元, 구목릉丘穆陵 – 목穆, 보육고步陸孤 – 육陸, 하뢰賀賴 – 하賀, 독고獨孤 – 유劉, 하루賀樓 – 루樓, 물뉴우勿忸于 – 우于, 달해達奚 – 해奚, 위지尉遲 – 위尉 등으로 바꾸었는데, 이 8개의 성은 이른바 '훈신 8성勳臣八姓'으로 북위의 황실과 밀접한 관련이 있는 성씨이다. 이와 함께 선비인과 한족의 결혼을 장려하고 자신과 형제들 역시 한족의 여인들을 첩으로 맞아들였다. 이러한 북위의 정책은 선비족들이 빠르게 한족의 문화를 받아들이고 중원을 지배하는 데 큰 도움이 되었다.

이러한 문명의 융합은 종교와 예술이 스스로 성장할 수 있는 다양성의 공간과 토양을 제공하기에 충분하였다. 5호 16국과 북위의 시대는 북방 문화와 중원의 문화가 서로 영향을 주고받는 문화 변용의 시대였다. 한화漢化와 호화胡化가 병행하여 서로의 문화를 자극하고 변화시킨 시대였다. 중원과 그 주변 민족의 관계를 말할 때 '중화사상'의 우수성을 논하곤 한다. 중화는 중심 지역으로 문화가 화려하며 그 주변 동이東夷, 남만南蠻, 서융西戎, 북적北狄은 야만지대로 규정하기도 한다. 그러나 이러한 관념은 5호 16국과 북위 시대의 문화 교류에서 알 수 있듯이 중원 중심의 세계관에 불과하다.

다시 폐쇄의 시대로, 명 만리장성

5호 16국 시대 이후 수당隋唐 시대가 찾아왔다. 581년 수문제文帝는 북방 야만인들을 통제하기 위해 진나라 방식으로 장성을 수축하고, 그들과의 교역과 교류도 중단했다. 당시 초원의 패권을 잡고 있던 돌궐突厥이 수나라의 변경을 약탈하거나 외교적 접촉을 시도하였지만, 수나라는 높은 성벽을 쌓고 수많은 군사를 배치하였다. 돌궐의 수장 섭도攝圖(쉬투)가 582년 40만의 궁수를 이끌고 감숙과 섬서성 침공을 시도하였으나 돌궐에 내부 분열이 일어나 군사를 돌리기도 했다. 돌궐을 믿지 못한 수나라는 하투 지역을 중심으로 7백여 리의 성을 축조했다. 수양제煬帝 역시 즉위 후 607년 서쪽 유림에서 동쪽 자하에 이르는 지역에 1백만 명을 징발해 성을 수축하고, 608년에도 20만 명을 동원해 성을 수축하였다. 낙양과 그 북쪽 지역을 보존하기 위해서였는데, 성곽을 수축하는 과정에서 수십만 명이 죽어 나갔다.

607년 내부 분열로 약화되어 있던 돌궐이 이러한 상황을 돌파하기 위해 고구려와 접촉하자, 이를 눈치 챈 수나라가 고구려에 충성을 요구했다. 그렇게 하지 않으면 고구려를 공격할 셈이었다. 고구려가 제안을 받아들이지 않자 수나라는 고구려를 정벌하기로 결정하는데, 이 결정은 치명적인 결과로 이어졌다. 고구려 원정은 심각한 부담을 야기하고 결국 수나라 체제를 붕괴시켰다. 황하가 범람하는 바람에 징병에 어려움을 겪었고 요하遼河 유역의 고구려 성벽들은 수나라의 공격을 견뎌 냈다. 이후 수나라는 성벽을 계속 축조했지만 돌궐의 변경 침략은 계속되었고, 수나라는 내부 분열을 겪으면서 결국 수양제가 살해되었다. 그 뒤를 이은 당나라는 수나라를 가혹한 전제국가로, 수양제를 역사적으로 보기 힘든 사악한 황제로 평가했다. 당나라는 수양제를 아버지와 형제를 죽이고 가혹한 건설 사업을 벌인 인물, 대운하로 수많은 백성을 죽인 인물로 평가했다. 수나라가 축조했던 성벽은 그들의 중화문명을 지켜내지 못했다. 이는 당, 요遼, 금金도 마찬가지였다. 요나라는 금나라를 막기 위해, 금나라는 몽골을 방어하기 위해 요동과 만주에 많은 성을 축조하였다. 성벽이 제 기능을 하려면 성을 지키는 사람들의 책임감이 중요한데, 금나라는 건국 후 정복한 요나라 군인들로 국경을 방어하도록 하였다. 그들은 수동적 태도로 방어에 임했고 몽골군이 엄습해 오자 성을 버리고 도망하였다. 금나라의 변경은 쉽게 붕괴되었다. 성벽 중심의 국경은 일부만 강력한 힘을 발휘할 뿐이다. 명나라 이전의 성은 일선으로 연결된 견고한 성이 아니어서 군대가 많이 주둔한 북경 북쪽 거용관居庸關은 난공불락이었지만 군대가 부족한 지역은 몽골군 약탈의 주 대상이 되었다.

1214년 칭기즈칸이 황하 북쪽을 대부분 차지하였다. 칭기즈칸의 손자이자 중국 전역을 장악한 쿠빌라이는 더 이상 국경에 성벽을 쌓을 필요가 없었다. 몽골인들은 거대한 성벽이 아니라 광대한 제국 전역에 유통될 수 있는 교역과 소통의 길을 만들어 갔다. 쿠빌라이 시기에 중국 전역을 연결할 수 있는 1,400여 개의 역참과 말 5만여 마리가 항상 대기하고 있었다. 세계인이 드나들 수 있는 공존의 시스템이 유라시아제국에 마련된 셈이다. 그러나 이러한 시스템은 원元나라의 쇠퇴와 명明나라의 건국으로 다시 변질되었다. 명나라는 중국 역사상 가장 위대한 성벽을 만들었다.

응천부應天府에서 명 왕조 성립을 선언하고 황제로 즉위한 주원장朱元璋은 왕조의 창시자로서 '명 태조', 그리고 연호에 기인하여 '홍무제洪武帝'라고 칭하였다. 몽골 세력을 축출하고 확보한 영역을 지키기 위해서는 진나라 시대에 상응하는 거대한 성벽이 필요하였다. 이에 명나라 장성 수축의 제일보가 시작되었다. 홍무 6년 북평에 상주하며 북방 방어의 책임을 담당하게 된 서달徐達이 즉시 시작한 것이 북평 동쪽에서 북쪽으로 감아 돌린 장성으로, 발해 연안의 영평永平(현재의 노두盧頭에서 계주薊州·薊縣), 그리고 밀운密雲에서 서쪽 1백여 킬로미터 일대의 요해처 29개소, 또 당시 고원故元의 공격 대상이 되고 있던 산서의 안문雁門(현재 대현代縣의 북쪽 15킬로미터) 일대 산간 요해처 73개소에 새塞(보堡라고도 함)를 축조하고 수비병을 배치하였다. 이는 북제北齊의 장성 선과 거의 중첩되며, 옛날 진의 장성 선에서 1백 킬로미터 넘게 남쪽으로 위치하는 방어선이 되었다. 그 정도로 몽골 세력 곧 고원故元의 압력이 강했던 것이다.

몽골은 중원에서 물러간 뒤에도 산서를 중심으로 침공을 반복했고 각지의 거점에서 출격하여 일진일퇴의 상태가 계속되었다. 이 중 한 부대가 이 방어선을 이탈하여 북으로 진격했다는 보고를 접수한 홍무제는 '방어선을 넘어서 추격하지 말라'라는 지시를 내렸다. 홍무제 사후 '정난靖難 변變'을 거쳐 황위에 오른 영락

장성長城을 넘어, 공존과 소통의 시대로 |

제永樂帝는 북경의 군사를 기반으로 쿠데타를 통해 권력을 잡은 만큼 강력한 군사력을 가지고 있었고, 명나라를 안정된 나라로 변화시키려는 의욕이 매우 강렬했다. 이는 5차례의 몽골 친정으로 귀결되었다.

영락제 시기 북변 방어의 표면적인 모습을 균형정책, 그리고 친정親征이라고 한다면, 그 내면에서 진행된 방어의 구체적인 방법은 방어물의 축조라고 할 수 있을 것이다. 제1차 친정 직후 개평의 방어를 견고히 하고 산서의 변경 일대에 봉수대를 설치하였으며, 제2차 친정 후에는 선부와 대동, 북경 주변의 방어시설을 강화하였다. 영락제는 내향적인 홍무제의 방어선 구축 계획을 부정적으로 보기는 했지만, 방어선 자체는 의미가 있다고 여기고 있었다.

각지의 돈연墩燧(봉수대)은 할 수만 있다면 높게 만들었으며, 윗부분에 5개월 분의 식량, 연료, 그리고 무기류를 보관하도록 하고 가까운 곳에는 우물을 팠다. 주위를 둘러친 장墻(흙벽)은 연돈과 같이 높게 하여 바깥을 조망하도록 하였으므로 모두 하나로 보였다.

영락제는 변경 방어에 노력하여 선부로부터 서쪽 산서에 이르기까지 변경을 따라 담과 호壕를 만들고 봉후烽堠로써 점점이 연결했다.

《명사明史》〈병지삼兵志三〉의 기록은 영락제 시기 장성에 관한 총론적인 설명이라 할 수 있다. 영락제 이후 선덕제宣德帝는 대외

정책에 관해서는 영락제와는 같은 선을 그었고 성벽 수축을 통한 방어선 설정에 힘을 집중했다. 개평을 방어하기 위하여 선덕 원년에 그 북방의 독석獨石에 주위 6킬로미터에 이르는 방어시설을 유지하는 중간 규모의 방위 거점인 보堡를, 선덕 4년에는 장가구張家口에도 주위 2킬로미터의 견고한 보를, 그리고 5년 후에는 선부 주변을 중심으로 보를 건설하였다. 그리고 보로 볼 수는 없지만 소규모 시설인 견장대見張臺와 봉수대의 역할을 담당하는 돈대墩臺를 북경 북방으로부터 발해만까지, 그리고 대동을 중심으로 산서 일대에 지속적으로 구축하였다. 이러한 경향은 정통 초기에 이르기까지 계속되었고 그 범위가 섬서 · 감숙 지방으로 확대되었다.

　다섯 차례의 몽골 친정으로 값비싼 대가를 치른 뒤, 명은 보와 돈대를 연결하는 장성 선을 이용하는 수세적 · 내향적 방어책으로 전환하였다. 변경에 설치된 돈대의 다수는 현장 조건에 맞게 돌이 있으면 돌로, 황토가 있으면 황토를 단단히 굳히는 판축공법으로 축조하였다. 그러나 이들 시설물은 견고성이 부족했으며 그 수 또한 충분하지 못했다. 선덕 원년에 보를 만들고 주위에 돈대도 설치하였던 독석 지역에 대해서 약 10년 후《명실록》은 다음과 같이 기록했다.

　독석獨石 · 영녕永寧 등의 돈대는 연말에 눈이 쌓였다가 봄이 되어 따뜻하게 되면 눈이 녹아내리는 가운데 함께 섞여 쓸려 내려가 쉽게 파괴되었다. 또한, 때에 따라서는 간격에 빈틈이 있어서 거리가 멀어 대개 통할 수 없는 상태의 것도 있다. 돈대를 증설하여야 한다.

특히 혹독한 자연환경 속에서 흙으로 축조된 돈대는 10년이 지나면 붕괴하기 시작하였다. 판축으로 만들어진 보도 마찬가지였다. 지속적으로 보수를 진행해야 했고, 또한 부족한 지대에는 돈대를 계속 만들어 나가야 했다. 선덕 시기에 시작된 장성 수축은 단절되지 않고 계속 진행되어, 성화成化 연간에는 요동변장遼東邊墻이 요동 봉황성鳳凰城에서 산해관山海關에 이르는 지역에 설치되었다.

경태景泰 정권이 발족한 이후부터는 병부상서 우겸于謙이 주도권을 장악하고 정권의 안정화 사업에 힘을 다하였다. 전국에 감세 조치를 시행하고 황하를 준설하여 하한河岸을 보호하는 공사를 시행하는 등 민중 생활에 직결되는 정책을 전개하는 한편, 당시의 상황을 고려하여 경영京營이라는 중앙군을 재편성하여 강화하여 수도 방위체제를 재점검하는 동시에 순시 태세를 충실히 하여 북변 방어를 재구축하였다. 그러한 변화 속에서 방어선으로서의 장성 수축도 적극적으로 시행되었다. 우선 정통제正統帝가 몽골의 포로가 된 직후 대동의 남쪽 안문관雁門關에 돌담과 참호를 포함하는 요새를 설치하여 침입에 대비하였고, 또한 거용관 서쪽 산간 요지에도 요새를 축조하였다. 그리고 계속해서 거용관, 산해관, 자형관紫荊關 등 수도 방위의 중요 거점을 강화하는 동시에 경태 원년(1450)에는 자형관 남쪽에 50개의 보를 증설하고 또한 각각의 주변에 장소에 따라 장墻이라는 토벽을 만들고 참호를 팠다. 산과 언덕 지형에서는 그것을 깎아 방어벽으로 삼았다.

자형관과 안문관 그리고 그 주변을 내실 있게 하는 계획은 성화 초기에 산서 서북부의 황하 연안에 가까운 편두관偏頭關으로 연결되었다. 이에 산해관으로부터 서쪽 북경의 북쪽에 이르고 거기에서 한 번에 북상하여 독석보獨石堡를 포함하게 되었다. 또한 그 후에 북쪽이 선부·대동을 향하여 편두관에 이르는 장성 선에 대해서, 북경 북방으로부터 분기하여 남하해서 거용관으로부터 자형관·안문관을 거치고 다시 북상하여 마지막에 편두관으로 연결되는 또 하나의 장성 선이 만들어지게 되었다. 곧 산서에는 2중의 장성선이 생긴 것이다. 이로써 북방에 위치하는 것을 외장선, 남방의 것을 내장성이라고 하였다.

북방의 몽골이 명이 설치한 담(토벽)을 쉽게 무너뜨리고 넘어오자, 명나라는 보와 돈대를 병행하여 그 사이에 필요한 곳에 벽을 수축하는 등 방어선을 구축하였으며, 담을 높이고 두께를 두껍게 유지하고자 하였다.

명대의 장성은 성화 연간(1465~1487)에 여자준余子俊이 황하 만곡부의 하투에 충분한 높이의 벽을 수축하고, 그것을 주체로 한 방위선을 구축한 뒤부터 전기를 맞았다. 그러나 이것으로 충분하지 않았다.

여자준은 변장을 종래와 같이 보조적인 것으로 여기지 않고 그 자체를 방어의 중심으로 삼으려 했다. 보와 돈대라는 '점点'을 각 요소에 설치하여 그곳에 대량의 군사를 배치하는 것을 중심으로 하고 변장이 이를 보조한다는 생각을 완전히 역전시켜, 변장이라는 '선線'을 중심으로 하고 점을 보조로 하여 배치되는 병력 수를 대폭 삭감시키려 한 것이다. 여자준의 기획대로 유림 북동쪽 황하에 위치한 청수영淸水營으로부터 영하의 화마지花馬池에 이르는 약 991킬로미터의 '일선一線의 벽壁'으로서 변장을 완성하는 작업이 진행되었다. 변장을 쌓아 그것을 장성 방위의 주체로 하자는 여자준의 계획이 명 조정 내부에서 논의되자, 이 수법은 연수진延綏鎭뿐만 아니라 주변 지역에서도 채용되었다. 우선 여자준의 공사와 같은 해인 성화 10년(1474)에는 연수 지방과 서쪽으로 근접한 하투 서부 영하寧夏 지방에서 공사가 일어났고, 그것은 여자준 변장의 서단西端이 되는 화마지로부터 서쪽으로 연장되어 북류北流하는 황하 연안까지 전장 216킬로미터에 이르렀다. 그리고 그 2년 후에는 연수진의 동쪽에 위치한 산서진山西鎭에서 편두관·안문관·영무관寧武關 등 내內 장성 선의 주요한 관성關城과 그 주변 돈대가 정비 강화되었으며, 그 다음 해에는 산서 지방의 요충지인 대동大同 주변에 292킬로미터의 변장 및 호호壕(해자)가 만들어졌다.

그리고 다시 융경隆慶 연간(1567~1572)부터 만력기萬曆期(1573~1620)에 걸쳐서 현재의 북경 북방의 계진薊鎭에서 수비守備로 활약한 척계광戚繼光에 의해서 장성 건축물이 강화되었다. 그는 그가 저술한 병서《연병잡기練兵雜記》에서 다음과 같이 말하였다.

이제까지 변장邊墻은 낮고 두께가 없어서, 무너지기 쉽고, 돌무더기나 벽돌을 이용한 조금 높은 대臺가 산재하고 있었을 뿐, 변장과 유기적으로 작용하고 있지는 않았다. 주둔 병사들은 더울 때나 추울 때나, 비가 내리거나 서리가 내리거나, 그 자리에 계속 서 있을 뿐, 몸을 막을 장소도 없었으며 병기兵器나 화기火器는 사건이 일어난

후 그것을 구하여 운송수단을 마련하여 변장 위에 준비하려고 해도 끝내 둘 장소가 없었다. 적敵의 세력이 커져서 주변의 높은 곳에서 공격해 온다면 병사들은 서 있을 수가 없고, 변장의 한 곳이 공격으로 무너지면 그것을 보고 도망하게 되고, 적의 대군이 돌입해 오면 막을 수 없게 되어 있었다. 그런 까닭으로 공심적대空心敵臺를 요소에 건설하게 되었다.

위의 내용을 보면, 특히 장성 시설물 중 적을 관측하고 숨을 수 있는 적대의 설치와 확대를 강조하고 있다. 적대 위에 망루를 건설한 예는 지금까지도 보이지만, 그것은 대臺 자체를 돌이나 흙을 겹쳐 쌓은 공심적대가 나온 뒤 구별하기 위해 실심대實心臺라 불렸던 것처럼 단순히 높은 대에 지나지 않았다. 그것의 가운데를 비워둠으로써 백총百總이라 불리는 소대장과 병기나 식량 등을 관리하는 부관副官 2명, 그리고 병사를 30~50명을 배치한 것이다. 여기에 종래의 변장과 달리 병사 주둔이나 병기의 보관, 그리고 파수대의 기능을 겸해서 만들어지고 있던 돈대나 보 역할을 겸비하는 것이 가능하게 되어, 이로써 하나의 선으로 된 벽으로서 변장의 기능이 더욱 충실하게 되었다

명대 가정嘉靖 연간(1522~1566)에 위환魏煥이 이질적인 북방 세력을 방어하기 위해 공력을 들여 편찬한 《황명구변고皇明九邊考》를 보면, 명대 북변 방어에 대해 총론한 후 그 중요 거점인 '구변진九邊鎭', 곧 동으로부터 요동진遼東鎭 · 계진薊鎭 · 선부진宣府鎭 · 대동진大同鎭 · 산서진山西〔三關〕鎭 · 연수진延綏〔楡林〕鎭 · 영하진寧夏鎭 ·

고원진固原鎭 · 감숙진甘肅鎭에 대해 그 관할 구역, 관원, 군마의 배치와 재정, 그리고 근접한 민족과 그들에 대한 여러 항목의 조치를 상세한 지도와 함께 정리 소개하고 있다.

위환은 역사 속에서 수많은 왕조가 공세를 더하여 멀리 북방민의 본거지를 공격하였으나 그다지 효과가 없었으며, 오히려 국가가 피폐해지고 결국은 멸망에 이르렀다며 진나라와 수나라의 북방정책을 부정적으로 평가하였다. 그리고 침공해 오는 민족을 방어하기 위해 높은 성벽을 쌓는 것보다 더 좋은 방책은 없다고 주장하며, 산천이나 구릉 등 지형의 험준함을 이용하여 변장을 수축하는 일의 효용성을 지적하였다. 선덕 시기에는 충실하게 시작된 장성수축이 단절되지 않고 계속 진행되었다.

공존의 시대를 향해

이상 만리장성과 관련된 시대별 특징을 개괄적으로 살펴보았다. 진·한·수·당·명 대의 장성은 북방민족과의 공존과 소통을 거부하고 중화의 문화를 지키려는 고립주의적이고 민족주의적 색채가 농후한 성벽이었다. 진·한·수·당·명 왕조는 민족주의 노선을 택함으로써 성벽을 높였고 높아진 성벽은 민족주의 · 고립주의를 강화하고 중국을 국제 세계로 나갈 수 없도록 하였다. 이러한 만리장성의 고립적 역사관은 현대 중국에서도 지속되고 있다.

마오쩌둥 시기 중국은 자본주의에 반대하며 닫힌 세계에 살았다. 가정과 공장은 통제되고 집단주의로 국가가 운영되었으며, 시장이 활성화되지 못하고 와해되었다. 이후 70년대 후반 4대 근대화와 실용주의 노선을 들고 나온 덩샤오핑이 등장하면서 민주주의의 도래가 기대되기도 하였다. 하지만 1989년 천안문사태가 발생하였다. 덩샤오핑 역시 실용적 독재자에 불과하였다. 그는 중국 국민의 경제적 자유는 어느 정도 인정할 수 있었으나 정치적 민주주의나 자유주의는 인정하지 않았다. 경제적 자유의 문은 열려 있었으나 정치적 자유의 문은 닫혀 있었다. 현대 중국의 권력자들 역시 역사적으로 전통 왕조들이 축조했던 만리장성의 벽을 넘지 못하고 있다.

권력자들은 위대한 유산인 만리장성의 복원 작업에 착수하였다. 북경에서 멀지 않은 팔달령 쪽의 장성을 보수해 장성의 표준으로 만들었다. 만리장성은 중국의 애국, 노래, 춤, 무용의 주요 배경이 되었다. 현재도 장성은 중국의 마스코트이자 관광의 중심지이다. 1990년대 중국에 변화의 바람이 불었다. 만리장성을 넘어 중국에 정보화 고속도로가 들어간 것이다. 중국에 최초로 네트워크가 설치되고 1995년부터 인터넷 서비스가 시작되었다. 인터넷은 통신 분야 투자를 원활하게 함으로써 경제성장에 박차를 가할 수 있는 좋은 수단이다. 그럼에도 장쩌민은 여전히 인터넷 상에서의 정보를 관리하고 감독하려고 하였다. 수많은 사람들이 사용하는 인터넷이 중국의 고립주의적 정신의 지주인 만리장성을 무너뜨리는 잠재적인 수단, 곧 자유 표현의 수단으로서 전체주의 체제를 위협하는 수단이 될 수 있었다. 중국은 외부 세계와 만나는 곳에 방화벽을 설치하고 외국의 신문이나 종교, 친대만 단체와의 접촉을 차단하고 감시하였다. 그러나 벽돌로 쌓은 장성에 구멍이 있었듯이, 인터넷 방화벽에도 허점은 있었다. 셀 수 없이 많은 웹사이트가 생기면서 중국 당국이 모든 것을 차단하고 감시할 수는 없었다.

외부 세계에 대해 제국주의적, 패권주의적, 중국중심적 세계관을 표방한 중국은 여전히 그 머릿속에서 장성을 포기하지 않고 있다. 여전히 중국 중심의 질서를 추구하며 세계를 장성 안으로 끌어들이려 하고 있다.

만리장성의 역사가 보여 주듯이 중국의 패권주의, 국제주의와 고립주의는 소통을 뒤로하고 공존을 모색하지 않는다. 중국은 한편으로는 국제주의를 표방하지만 다른 한편으로 강력한 하나의 중국, 민족주의를 표방하고 있다. 만리장성을 축조하고 중원문화를 지키려는 폐쇄성 속에서 우리는 중국이 어디로 가려고 하는지 그 방향을 짐작할 수 있다. 그들에게는 당분간 허물어지지 않는 만리장성이 존재할 것이다. 본 글 서두에서 던진 '왜 장성이 만들어졌는가'라는 소박한 의문에 간단하게 답한다면, '중화 세계를 방어하기 위해서'라고 할 것이다. 그러나 이는 그렇게 간단한 일이 아니다. 장성으로 중화 세계를 지킨다는 것은 중국 왕조의 공통된 발상도 아니고, 하물며 과제도 아니다. 그것은 모두 시대 상황과 그로부터 생기는 필요성에 기인한다.

중국 역사에서 장성 이남과 이북은 이질적인 문명을 구성하는 두 축이었다. 이남의 한족 정권은 장성 수축을 통해 이질적인 문

명을 차단하는 데 주력하였다. 그러나 수많은 중국의 왕조 교체
는 북방 유라시아의 정세에 의해 좌우되는 경우가 많았다. 흉노
제국, 위구르제국, 투르크제국, 티베트, 거란의 요, 여진의 금, 몽
골의 원, 만주족의 청淸 등 수많은 중국의 왕조 교체를 보면 유라
시아 북방에서 부는 바람은 인위적으로 막을 수 있는 성질의 것
이 아니었다. 오히려 한족들이 장성 문을 열고 이들 이질적인 북
방 세력과 타협과 공존을 모색했더라면 거대한 전쟁은 피할 수
있었을 것이고 더 풍요롭고 다채로운 다양성의 국가가 되었을 것
이다.

역사를 돌이켜 보면 코페르니쿠스는 천동설을 지동설로 변화
시켜 인간을 우주의 중심에서 변경으로 끌어내렸다. 다윈은 진화
론을 통해 인간은 신의 창조물이 아니라 진화의 산물임을 밝혔
다. 그리고 21세기 우리는 초연결시대에 살고 있다. 이제 인간이
기계보다 우월하기만 한 위치에 있지 않고 인간과 기계는 연속적
존재라는 사실을 알아야 하는 시대이다. 우리 머릿속에 영원한
장벽으로 남아 있는 인식 속의 만리장성을 넘어 초연결시대에 걸
맞은 공존과 소통의 신개념을 만들어 내야 하는 시대에 와 있다.
중국 역시 만리장성의 벽을 넘어 진정한 소통의 세계와 손잡을
때 그 미래가 보장될 것이다.

참고문헌

김한규,《한중관계사1·2》, 아르케, 1999.

남의현 외 옮김,《장성의 중국사》, 강원대출판부, 2006

서강대학 동양사학연구실,《한중관계 2000년: 동행과 공유의 역사》, 소나무, 2009.

송은주,《당신은 왜 인간입니까》, 웨일북, 2019.

줄리아 로벨,《장성, 중국사를 말하다》, 김병화 옮김, 웅진지식하우스, 2007.

景愛,《中國長城史》, 上海人民出版社, 2006.

趙現海,《明代九邊長城軍鎭史》상·하, 社會科學文獻出版社, 2012.

張士尊,《明代遼東邊疆硏究》, 吉林人民出版社, 2002.

초연결사회에서 1920년대 중국의
반기독교운동을 보다

: 주집신朱執信의 〈예수는 어떤 자인가〉 분석

최병욱

| 이 글은 《인문사회21》 제11권 4호(2020)에 실린 글을 보완하여 재수록한 것이다.　|

반기독교, 이질성에 대한 분노와 혐오 표출

현재 우리는 사람과 사람, 사람과 사물, 심지어 사물과 사물이 인터넷으로 연결되는 초연결사회에 살고 있다. 초연결성은 시간과 장소, 그리고 사물의 제약을 뛰어넘는다. 따라서 시간과 공간의 제약을 받던 인간의 행동이 초연결을 통해 해결됨으로써 새로운 기회 및 가치를 창출하는 긍정적 효과를 낳는다.[1] 물론 초연결사회에서 긍정적인 효과만 있는 것은 아니다. 초연결된 현대사회는 역설적으로 사람들을 고립시키는 결과로 이어지기도 한다. 서로 다른 인종·문화·종교·이념·지역·세대·성별 등의 이질성을 둘러싼 편견과 분노, 증오와 혐오, 갈등 문제가 초연결된 사회에서 제어되지 못한 채로 증폭되어 급속히 확산되기 때문이다. 그리고 그것이 가짜뉴스일 경우 더욱 심각한 문제에 직면한다. 사람들은 원하는 정보만 찾아서 보거나 믿고 싶은 것만 믿는 경향이 있다. 가짜뉴스가 문제가 아니라 가짜뉴스를 진짜라고 믿고 싶어 하는 것이 본질적 문제이다. 이러한 가짜뉴스가 세계적 병폐로서 최근에 등장한 자국중심주의, 다문화 반대, 종교 간 갈등, 인종차별 등 극단화 현상을 부추기는 것이다.[2]

이 글에서는 19~20세기 중국의 반기독교운동을 통해 초연결

---

1 김민형·김현주, 〈사물인터넷과 초연결사회: 개념적 토대 및 기술인문학의 가능성〉, 《영상문화》 27, 2015, 233쪽.

2 윤성옥, 〈가짜뉴스의 개념과 범위에 관한 논의〉, 《언론과 법》 17(1), 2018, 52~54쪽.

된 현대사회의 이질성 문제에 대해 생각해 보고자 한다. 왜냐하면 근현대 중국의 반기독교운동이야말로 당시 기독교라는 이질성에 대한 중국인들의 분노와 혐오의 극단적 표출이었기 때문이었다. 기독교는 중국의 전통 유교사상과 전혀 다른 이질적인 종교이자 문화이다. 중국인은 예로부터 유교적 정통 관념이 강해 이단종교가 사회불안을 조장한다고 생각했다. 전근대 시기에는 중국에서 이단종교로 취급되었던 기독교를 중앙정부에서 충분히 통제할 수 있었다. 그러나 아편전쟁 이후 기독교는 이전 시대와 달리 불평등조약의 배경 아래 새로운 종교권력으로 등장하였고, 서양의 침략에서 가장 배척해야 할 대상이 되었다.

불평등조약의 체결로 기독교 선교가 합법화되고 중국 내륙으로 확대됨에 따라 이제 서양 열강의 보호 아래 서로 다른 신앙을 가진 중국인이 간단하게 신자와 비신자로 구분되었고, 기독교 선교사는 항상 신자의 이익을 보호하고 지방관리와 대등한 지위를 누리며, 기독교회와 중국 사회의 관계가 항상 기독교회와 청조 통치자 사이의 정치 대립 관계로 확대되었다. 따라서 당시 중국인들이 지칭했던 '양교洋教'라는 칭호의 광범위한 사용은, 바로 기독교가 '타자'로서의 정치·문화적 신분을 나타내는 것임을 상징한다고 볼 수 있다.

19세기 불평등조약의 보호 아래 저돌적으로 선교에 임했던 기독교(특히 천주교)는 지역사회에 교회를 짓고 보육원을 운영하며 지역민을 입교시켜 지역사회의 의례적 행위에 참여하는 것을 금지시키고, 각종 소송 문제에 개입하여 신자와 비신자 사이에 감정의 골을 깊게 만들었다. 그것은 중국인, 특히 지역사회의 유교 지식인들이 보기에는 제국주의의 '참호'와 같은 것이었다. 당시 천주교는 이전의 예수회 선교사들의 선교 방법과 달리, 사회 지배계층인 신사층紳士層과 대화와 소통을 진행하기보다는 하층민들 대상으로 선교하는 방법을 꾀하여 유교 지식인들과의 소통이 부재하였다. 게다가 유교사회인 중국에서 서양 선교사들이 주장했던 조상숭배 금지는 기독교와 중국 사회, 특히 유교 지식인과의 소통을 막는 데 결정적인 역할을 하였다.

따라서 19세기 후반 내내 중국 전역에서 서양 기독교에 대한 반대운동이 일어났다. 반기독교운동은 중국 사회 내에서 기독교 신자와 비신자 사이에 깊은 불신의 골을 만들었고, 향촌 지역사회 내에서 기독교 집단을 중국인들에게 제국주의의 '참호'와 같은 것으로 인식하게 만들어 중국 사회에 새로운 '중국 종교'로 뿌리내릴 수 없게 했다. 그들은 단지 서양종교, 즉 '양교'일 뿐이었다. 당시 중국 내의 서양 선교사들은 제국주의 열강의 선교 보호를 받고 있었고, 열강의 비호 아래 중국 지역사회에서 새로운 기득권으로 등장하였다.

이러한 반기독교운동은 1900년의 의화단義和團사건으로 대폭 발하였는데, 열강의 압력과 이에 굴복한 청 왕조가 기독교 반대운동을 금지시켜 반기독교운동은 점차 수그러들었다. 이후 1920년대 초에 들어서면서 학생과 지식인들을 중심으로 한 반기독교 조직이 잇따라 성립되어 1927년까지 '비기독교운동非基督敎運動',

즉 반기독교운동이 발생하게 되었다.[3] 의화단사건으로 절정에 치달았던 19세기의 반기독교운동이 열강의 침략과 함께 들어온 기독교에 대한 분노와 혐오의 극단적인 감정을 드러낸 것이었다면, 1920년대의 반기독교운동은 과학과 이성의 문화운동으로 시작되었고, 더욱이 그 초기에는 자각적으로 의화단사건과 차별성을 가지고 객관적 태도를 강조하였다. 그리고 1920년대의 반기독교운동이 이전 시대와 다른 점은, 신문과 잡지의 전국적 유통으로 인해 중국 전역이 광역으로 연결되어 있었다는 것이다. 또한 19세기의 반기독교운동이 일부 보수파 관료나 신사들이 만든 반기독교 선전용 게첩揭帖이나 격문檄文으로 확산되었다면, 1920년대는 그런 선전물보다는 학생과 지식인들을 중심으로 비교적 객관적인 신문과 잡지의 글을 통해 확산되어 갔다. 그럼에도 불구하고 1920년대의 반기독교운동 역시 정치운동의 성격으로 변질되면서 이질적인 기독교에 대한 무지와 혐오로 극단화되기도 했다.

이러한 1920년대 반기독교운동에서 가장 많이 인용된 글은 주

---

3 현재 중국에서는 1920년대의 반기독교운동을 당시 사용하던 '비기독교운동非基督教運動'이라는 명칭을 그대로 쓰면서 19세기의 '교안教案'과 구분하고 있다. '교안'과 '비기독교운동'은 모두 기독교 반대운동이지만 19세기의 교안이 주로 프랑스를 위시로 한 천주교에 대한 반대운동이었다면, 1920년대에는 중국 도시를 중심으로 급속히 성장하고 있던 개신교의 확장에 대한 반대운동으로 나타났다는 데에 차이가 있다. 물론 1920년대 반기독교운동은 전체 기독교에 대한 것이었고, 천주교와 개신교의 구분이 없었지만 급격히 확산되어 가던 개신교회에 대한 대립에서 비롯되었다. 한국에서 기독교라는 명칭은 일반적으로 천주교와 구별된 개신교를 의미하지만, 이 글에서 기독교는 천주교와 개신교를 모두 지칭하는 용어임을 밝힌다.

집신朱執信의 〈예수는 어떤 자인가耶穌是什麼東西〉이다.[4] 〈예수는 어떤 자인가〉에서 예수가 주요 키워드였다면, '사생아', '생식기', '표리부동', '편협함', '이기적' 등의 단어가 예수의 연관어가 되어 기독교를 공격하는 예리한 무기가 되었다. 이 글에서는 먼저 주집신의 〈예수는 어떤 자인가〉를 분석한 후, 이 선전 텍스트가 1920년대 반기독교운동의 공간 속에서 어떻게 인식되고 운용되었는지 살펴보고자 한다.

주집신의 〈예수는 어떤 자인가〉

주집신은 1885년 중국 광동성廣東省에서 태어났다. 그는 손문孫文이 이끄는 국민혁명 진영에서 활동한 혁명이론가이자 실천가였다. 1902년에 기독교 학교에서 공부했고, 1904년 일본에 유학해 1905년 동맹회에 가입했다. 1906년 주집신은《독일사회혁명가열

---

4   주집신의 〈예수는 어떤 자인가〉는 1919년 12월 25일《민국일보民國日報》에 실린 것이다. 이 글에서는 唐曉峰・王帥 編,《民國時期非基督敎運動重要文獻彙編》, 北京: 社會科學文獻出版社, 2015, 3~10쪽에 수록된 주집신의 글을 인용하였다. 주집신의 글은 褚瀟白,〈關于《耶穌是什麼東西》的現代意識形態神話〉,《華東師範大學學報》3, 2019의 연구에서 처음 분석하였다. 저소백褚瀟白의 연구에서는 예수의 인격을 폄훼한 주집신의 〈예수는 어떤 자인가〉와 예수의 인격을 찬양한 왕치심王治心의 〈예수는 어떤 자인가〉를 비교하면서 두 글이 모두 예수에 대한 '탈신화화'의 기초 위에서 다시금 현대 이데올로기의 새로운 신화를 만들었다고 평가했다. 왕치심은 민국 시기 기독교계의 영향력 있는 사상가이자 교육자였다. 그는 1928년 5월에 기독교 지식인들이 창간한《문사월간文社月刊》에 주집신의 글과 같은 제목으로 〈예수는 어떤 자인가〉라는 글을 발표하면서 주집신이 폄훼한 예수의 인격을 새롭게 해석하였다.

전》,《공산당선언》과《자본론》의 부분적 내용을 번역해 가장 이른 시기에 중국 독자들에게 마르크스 혁명이론을 소개하였다. 1907년 귀국 후 주집신은 광동廣東고등학당 등에서 학생들을 가르치다가 광주廣州 황화강黃花岡 기의와 원세개袁世凱 토벌의 군사행동에 참여하였다. 그는 상해에서《민국일보民國日報》부간副刊《성기평론星期評論》과《건설建設》잡지를 창간하였다. 신문·잡지 등을 창간하고 그것을 통해 혁명사상을 보급하고 선전 활동을 펼치는 것이 주집신의 주요한 활동이었다. 주집신은 1920년 9월 21일 호문虎門에서 광서廣西군벌에 살해되었는데, 당시 손문은 주집신의 사망 소식을 듣고 자신의 두 손이 잘린 것과 같다며 매우 애통해했다. 손문은 주집신을 평가하며 '혁명 중의 성인', '특출한 혁명이론가이자 혁명책략가'라고 칭송했다.[5]

주집신의 〈예수는 어떤 자인가〉는 1919년 12월 25일 성탄절에 맞춰 《민국일보》에서 마련한 예수 특집호에 발표된 글이다. 이후 이 글은 반기독교운동 시기 반기독교 인사들에게 많이 인용되었으며, 중국 교회 인사들 역시 부득불 대응할 수밖에 없었던 언론 중 하나였다. 〈예수는 어떤 자인가〉는 '역사적 예수', '성경 속의 예수', '신교도의 예수', '신이상주의 철학자의 예수', '톨스토이의 예수', '결론' 등 모두 여섯 부분으로 이루어져 있다. 주집신은 이 글에서 비록 예수가 당대 권력에 대항했던 인물이기는 하지만 대

---

5   陳跃·胡紀珍, 〈朱執信群衆觀初探〉, 《江西科技大學學報》 6(4), 2006, 45쪽; 宋凌遷, 〈朱執信報刊宣傳活動及思想論略〉, 《襄樊職業技術學院學報》 4(2), 2005, 109쪽.

단한 역량을 가진 사람으로 평가하지는 않았다.

제1부 '역사적 예수'[6]에서 주집신은 예수를 한 명의 사생아로서 당시 유대 제사장에게 반항하여 살해당한 사람이라고 평가하였다. 그런 면에서 예수의 특징은 내세울 것이 없으며 인격도 탁월하지 않다고 하였다. 주집신은 예수처럼 권력에 대항한 인물을 예로 들면서, 수隋 말기 반란의 우두머리인 송자현宋子賢이나 명明 초기 백련교白蓮敎의 여자 수령인 당새아唐賽兒, 명 말기 농민반란을 이끌었던 서홍유徐鴻儒와도 비교할 바 없다고 예수를 평가절하하였다. 예수는 30대 전후의 한 젊은이에 불과하고, 몇 사람을 선동하여 향촌에서 한바탕 소란을 피웠을 뿐인 인물로 만약 역사적 예수만을 이야기한다면 굳이 많은 힘을 들여 설명할 필요가 없다고 하였다. 이러한 이유를 들어 주집신은 '역사적 예수' 부분은 많이 서술하지 않았다.

주집신은 '역사적 예수' 편에서 예수의 성령 잉태는 믿을 수 없으며 다른 자료에 의하면 예수는 사생아일 뿐이라고 주장했다. 주집신은 독일의 생물학자이자 다윈주의자인 헤켈Ernst Haeckel의 《세계의 수수께끼The Riddle of the Universe》의 내용을 인용하였다. 당시 로마의 한 장교가 마리아를 사랑했고 아이를 가졌으며, 후에 약혼자 요셉이 이 사실을 알고도 어쩔 수 없이 예수를 키웠다는 것이다. 주집신은 이러한 헤켈의 관점을 활용해 예수가 신의 아

---

6 朱執信, 〈耶穌是什麼東西〉, 唐曉峰 · 王帥 編, 《民國時期非基督敎運動重要文獻彙編》, 4~5쪽.

들이라는 고대신화를 해체하여 역사적 예수를 사생아로 자리매김했다.

그런데 '역사적 예수' 이야기에서 특기할 부분이 있다. 주집신은 예수의 십자가 죽음을 이야기하면서 십자가가 고대에 흔히 사용된 형구라고 소개하면서 십자가가 고대 원시인의 생식기 숭배의 결과라는 고토쿠 슈스이幸德秋水의 견해를 덧붙이고 있다. 주집신은 고토쿠가 제기한 십자가의 남성 생식기 변형설에 동의하지 않는다고 했지만, 그것이 확실한지는 중요하지 않다고 했다.

고토쿠 슈스이는 일본의 초기 사회주의운동 이론가이자 무정부주의자이다. 그의 저작 《기독말살론基督抹殺論》은 천황 암살미수 사건, 이른바 '대역大逆사건'으로 인해 고토쿠가 일본 정부에 의해 체포되어 감옥에서 쓴 유작이다.[7] 고토쿠는 이 책에서 《신약성서》의 위작 가능성과 예수 그리스도의 존재에 대한 의문을 제기하면서, 기독교가 고대의 태양 숭배, 생식기 숭배에 그 근원을 갖는 여러 종교의 유물에 지나지 않는다고 하였다. 그는 무엇 하나 독창적인 것이 없는 기독교는 최종적으로 자연적 진화와 도태라는 사회진화론의 법칙에 따라 자연소멸되어 버릴 것이라고 주장하였다.[8]

1924년 12월 《기독말살론》의 중문 번역본이 북경대학 출판부에서 출간된 뒤, 이 책은 중국의 지식인 계층뿐만 아니라 청년 필

---

7 李長銀, 〈幸德秋水《基督抹殺論》在近代中國的傳播和影響〉, 《中南大學學報》 22(1), 2016, 220쪽.

8 윤일 외, 〈고토쿠 슈스이의 《基督抹殺論》 비판〉, 《日本語文學》 41, 2008, 343~347쪽.

독서로 분류되는 등 널리 읽혔고 1920년대 반기독교운동에서 지식인들이 기독교를 공격하는 데 예리한 무기가 되었다. 기독교계에서는 이 책을 최대의 '강적'으로 여겨 적극적으로 각종 매체를 통해 비판하였다. 그럼에도 불구하고 고토쿠의 《기독말살론》은 반기독교운동이 기독교를 공격하는 데 예리한 무기가 되어 근대 중국에서 헤아릴 수 없이 큰 영향을 끼쳤다.[9] 이러한 《기독말살론》의 중역본이 출판되기에 앞서 주집신은 일본어 원문을 읽고, 〈예수는 어떤 자인가〉에서 고토쿠의 관점을 인용하여 소개했던 것이다.

제2부 '성경 속의 예수'[10]편은 〈예수는 어떤 자인가〉에서 가장 길다. 이는 주집신이 사회적으로 영향을 끼칠 수 있는 것은 역사적 예수가 아니라 성경 속의 예수라고 생각했기 때문이라고 볼 수 있다. 주집신은 성경에 나오는 예수의 행적 중 몇 가지를 예시로 들며 예수의 성격을 비판하고 있다.

주집신은 '성경 속의 예수'에서 먼저 《신약성서》에서 가장 믿을 만한 것은 공관복음서라면서 마태오, 마르코, 루가의 세 복음서에 대해 얘기하고 있다. 그러나 공관복음서 역시 원본은 남아 있지 않고 사본만 있으며, 그것 또한 초기 교회 지도자들의 개인적인 취사선택을 통해 더해지고 빼지는 과정과 로마 황제의 개입 등을 거치며 변질되었다고 비판하고 있다. 여기서 주집신은 구체적

9 李長銀, 〈幸德秋水《基督抹殺論》在近代中國的傳播和影響〉, 221~223쪽.

10 朱執信, 〈耶穌是什麼東西〉, 5~8쪽.

인 시대적 상황은 얘기하지 않고 있지만, 대체적으로 《신약성서》 27권에 대한 교회 지도자들의 증언들과 정경canon 형성 과정을 얘기한 것으로 보인다. 초기 기독교에서 삼위일체 논쟁을 둘러싸고 로마교회와 동방교회의 대결 양상이 나타났고 여기에 로마 황제까지 가담하면서 교회의 내부 갈등이 표출되었다. 후에 알렉산드리아 주교 아타나시우스는 367년 부활절 메시지에 27권 정경안을 제시했고, 397년 카르타고 공의회에서 이것이 수용 공포된 것이다.

또한 주집신은 중국 한漢의 참위 예언서와 성경 복음서를 상호 비교하면서 참위설을 우리 모두가 가짜로 알고 있듯이 복음서의 가치도 크게 의미가 없다고 하였다. 그는 이 글에서 중국 대중들의 이해를 돕고자 성경 속 이야기를 중국의 역사 속 이야기와 비교하면서 설명하고 있다. 주집신은 성경 속 이야기가 아무리 허무맹랑해도 외면할 수 없는 것은, 사회적으로 영향을 끼치는 것은 역사적 예수가 아니라 성경 속 예수이기 때문이라고 했다.

〈예수는 어떤 자인가〉에서 주집신은 성경 속 예수가 평등과 박애를 말하고 타인을 자기처럼 사랑하라고 말하지만, 예수의 배타적이고 터무니없는 성격이 부지불식 간에 드러나고 있다며 성경에 나오는 두 가지 예를 들어 설명하였다.

첫째로 〈마태오의 복음서〉 25:1-13에 나오는 열 처녀의 이야기를 예로 들었다.

하늘나라는 열 처녀가 저마다 등불을 가지고 신랑을 맞으러 나간 것에 비길 수 있다. 그 가운데 다섯은 미련하고 다섯은 슬기로웠다. 미련한 처녀들은 등잔은 가지고 있었으나 기름은 준비하지 않았다. 한편 슬기로운 처녀들은 등잔과 함께 기름도 그릇에 담아 가지고 있었다. 신랑이 늦도록 오지 않아 처녀들은 모두 졸다가 잠이 들었다. 그런데 한밤중에 "저기 신랑이 온다. 어서들 마중 나가라!" 하는 소리가 들렸다. 이 소리에 처녀들은 모두 일어나 제각기 등불을 챙기었다. 미련한 처녀들은 그제야 슬기로운 처녀들에게 "우리 등불이 꺼져 가니 기름을 좀 나누어 다오"라고 청하였다. 그러나 슬기로운 처녀들은 "우리 것을 나누어 주면 우리에게도, 너희에게도 다 모자랄 터이니, 너희 쓸 것은 차라리 가게에 가서 사다 쓰는 것이 좋겠다" 하였다. 미련한 처녀들이 기름을 사러 간 사이에 신랑이 왔다. 준비하고 기다리고 있던 처녀들은 신랑과 함께 혼인 잔치에 들어갔고 문은 잠겼다. 그 뒤에 미련한 처녀들이 와서 "주님, 주님, 문 좀 열어 주세요" 하고 간청하였으나 신랑은 "분명히 들으시오. 나는 당신들이 누구인지 모릅니다" 하며 외면하였다. 그 날과 그 시간은 아무도 모른다. 그러니 항상 깨어 있어라.[11]

주집신은 성경 속 이 이야기가 사람들에게 항상 준비하라는 의미를 가르치는 교훈으로 쓰이지만, 여기서 예수가 무심코 마각을 드러내어 자기 이익만 챙기는 다섯 처녀들을 모두 천국에 들어갈 수 있도록 했다고 하였다. 그는 등불이 꺼져 가는 처녀들을 도와

---

11 《신약성서》, 〈마태오의 복음서〉 제25장 1~13절.(공동번역 《성서》 개정판)

주지 않은 성경 속 슬기로운 처녀들의 행위가 매우 비열하다고까지 비판하며 중국 문학작품 속 등장인물인 양각애羊角哀와 좌백도左伯桃를 언급하면서 중국인들의 기억 속에 자신을 희생시켜 완전한 친구가 된 '양좌지교羊左之交'로 예수의 소위 '애인여기愛人如己'의 허위성을 반대했다.

또한 〈마르코의 복음서〉 11:12-14, 19-20에 나오는 저주받은 무화과나무 이야기도 예로 들고 있다.

> 이튿날 그들이 베다니아에서 나올 때에 예수께서는 시장하시던 참에 멀리서 잎이 무성한 무화과나무를 보시고 혹시 그 나무에 열매가 있나 하여 가까이 가 보셨으나 잎사귀밖에는 아무것도 없었다. 무화과 철이 아니었기 때문이었다. 예수께서는 그 나무를 향하여 "이제부터 너는 영원히 열매를 맺지 못하여 아무도 너에게 열매를 따먹지 못할 것이다" 하고 저주하셨다. 제자들도 이 말씀을 들었다. (…) 저녁때가 되자 예수와 제자들은 성 밖으로 나갔다. 이른 아침, 예수의 일행은 그 무화과나무 곁을 지나다가 그 나무가 뿌리째 말라 있는 것을 보았다.[12]

주집신은 위의 이야기를 통해, 먹을 것을 주지 않은 것을 원망하여 무화과나무에게 저주를 내려 이후 어떠한 사람도 무화과나무의 열매를 먹을 수 없게 한 예수의 행동을 비난했다. 또한 그는

---

12 《신약성서》, 〈마르코의 복음서〉 제11장 12~14절, 19~20절.(공동번역 《성서》 개정판)

〈마르코의 복음서〉 2:23-28의 안식일 주인 이야기에서, 안식일에 밀밭의 밀 이삭을 따고 있는 제자들을 비난한 바리사이파 사람들에게 안식일이 사람을 위하여 있는 것이지 사람이 안식일을 위하여 있는 것은 아니라며 비판한 예수의 이야기를 저주받은 무화과나무 이야기와 대조하며 설명하였다. 안식일의 주인 이야기에서는 예수가 사람이 배가 고프면 먹을 권리가 있는 것을 인정했으면서도, 무화과나무 이야기에서는 분노하여 이후 사람들이 무화과나무의 열매를 먹지 못하게 하여 자신의 원수를 갚았다며, 따라서 예수는 매우 이기적이고 잔혹한 인격의 소유자라고 결론 내렸다.

이외에 주집신은 '성경 속의 예수'에서 기독교가 초기에 오랜 기간 외부의 박해를 받아 교회 밖을 적대시하는 마음이 증가하여 편협하고 이기적인 성향에 복수심까지 더해지는 특성이 있으며, 기독교가 공인된 이후에도 내부 파벌 싸움으로 인하여 복수가 더 심해지는 특징을 보이고 있다고 했다.[13]

제3부 '신교도의 예수'[14]에서 주집신은 루터가 구교를 개혁했지만 신교의 편협한 복수심, 잔학한 성격은 이전 구교와 다르지 않다는 것을 역사에서 보여 주고 있다며 이러한 성격은 기독교의 일관된 정신이라고 했다. 콘스탄티누스대제 이후 기독교의 승리는 이전부터 전해져 오던 박애 정신이 소멸된 것에 지나지 않고,

---

13 朱執信, 〈耶穌是什麼東西〉, 8쪽.
14 朱執信, 〈耶穌是什麼東西〉, 8~9쪽.

지극히 편애적이고 집요하며 관용적이지 않은 정신이 기독교를 대표한다고 하였다. 그리고 기독교의 이러한 정신은 구교뿐만 아니라 신교에도 적용된다고 하였다. 기독교가 유럽을 독차지한 이후 관대한 정신은 사라지고 박애의 외투를 걸치고 천년간 변하지 않았으며, 신교 역시 구교가 행한 마녀사냥과 같은 잔인한 복수극을 자행하고 있음을 얘기하고 있다.[15] 따라서 신교의 예수도 구교에서와 마찬가지로 이기적이고 잔인하고 복수를 좋아하는 인물이라고 보았다. 주집신은 이러한 이유로 자유와 평등과 박애를 가지고 예수와 이야기를 하는 것은 정말 지루한 것이라고 단정 지었다.

제4부 '신이상주의 철학자의 예수'[16]와 제5부 '톨스토이의 예수'[17]에서 주집신은 19세기 기독교를 옹호한 두 파벌 즉, 오이켄 Rudolf C. Eucken으로 대표되는 신이상주의新理想主義 철학자와 톨스토이에 대해 비판하고 있다. 신이상주의자와 톨스토이는 자신들의 입맛에 맞게 예수를 이용하여 잘 포장했을 뿐이라는 것이다. 주집신은 헤켈 등의 다원주의자들의 등장으로 기독교가 이미 역사의 뒤안길로 사라져 가고 있는데, 예수를 옹호하는 세력이 새롭게 등장했다고 주장했다.

---

15 주집신은 '신교도의 예수'에서 신교가 유행한 이후 마녀사냥이 더 늘어났고, 프랑스의 잔 다르크도 이와 같이 희생되었음을 얘기하고 있지만, 그는 종교개혁 이전 잔 다르크의 등장과 역사적 사실을 잘못 이해하고 있다. '구교舊敎' 명칭은 가톨릭(천주교)에서 쓰지 않는 것이지만, 이 글에서는 원본의 표현대로 썼다.

16 朱執信, 〈耶穌是什麼東西〉, 9~10쪽.

17 朱執信, 〈耶穌是什麼東西〉, 10쪽.

신이상주의는 인간 정신의 자발성과 자주성을 강조하고 그 우위를 논하는 이론으로서, 특히 오이켄은 정신생활의 의의를 강조하는 신이상주의 입장에서 유물론과 실증주의를 반대했던 인물이다. 주집신은 〈예수는 어떤 자인가〉에서 오이켄을 비롯한 신이상주의자들이 기독교를 다시 태어나게 하려는 것이 아니고, 사실은 신이상주의의 영혼을 기독교의 몸 안에 넣고 그것의 빛을 빌려 전파하려는 방법을 쓴다고 비판하였다.

주집신은 오이켄이 예수를 완전히 자립자존하며 세계대전에서 승리할 수 있는 동시에 내적 생활의 존재로서 지지하고 있으며, 그래서 예수가 과시되거나 오만한 인물로 나타나지 않는다고 했다. 주집신은 예수가 오이켄의 손을 거쳐서 활발하고 자유롭고 행동거지가 부끄럽지 않은 인격으로 변했다고 주장한다. 주집신은 현재 오이켄의 학설이 소개되지 않아 오이켄의 예수가 어떤 성격의 인물인지 사람들이 알지 못하며 조만간 이런 학설이 중국에 올 것이지만 그에게 속지 않을 것이라고 했다.

'톨스토이의 예수'에서 주집신은 톨스토이가 허무주의자로 있다가 갑자기 예수를 얘기하고 기독교를 말하기 시작했으며, 현대의 성경을 부정하고 오히려 자기의 주장을 예수로 하여금 승인하게 했다고 주장했다. 또한 톨스토이가 아는 예수는 단지 산상수훈 안에서 모세의 십계를 재해석하는 몇 마디 말뿐이라고 폄하하였다. 결론적으로 예수의 주장이라고 하는 것은 톨스토이의 무저항주의를 대변하는 것일 뿐, 이른바 '톨스토이의 예수'는 그의 무저항주의의 도구에 불과하다고 단정 지었다.

마지막으로 제6부 '결론'에서는 다음과 같이 글을 맺고 있다.

위에서 말한 대로 역사적 예수는 보잘것없는 존재이다. 신이상주의의 예수와 톨스토이의 예수는 모두 이용되었을 뿐이다. 그래서 우리들이 논의할 수 있는 귀결점은 당연히 성경 속에서 신·구교도들이 얘기하는 예수의 인격에 논단을 내리게 된 것이다. 매우 미안하지만, 다음과 같은 결론을 내릴 수밖에 없다. 예수는 표리부동하고, 편협하며, 이기적이고, 화를 잘 내며, 복수를 좋아하는 우상偶像이다.[18]

결론적으로 주집신은 예수에 대한 묘사를 몇 개의 단어 즉, '표리부동', '편협', '이기적', '화를 잘 내는', '복수를 좋아하는' 우상으로 함축하였다. 이렇게 몇 개의 단어로 개념화된 예수의 이미지는 역사적 진실을 상실하고 변형된 모양으로 나타났다. 한 번 개념화된 연관어는 상징이나 예증이 아니라 하나의 사실 그 자체로서 순식간에 퍼져 나간다. 동시에 예수와 관련된 이들 연관어는 개념적으로 조성되었을 뿐만 아니라 감정의 어휘 창고이기도 하다. 왜냐하면 연관어는 키워드와 유사하지만 그 잠재적인 의미는 키워드보다 많고 의미에 따른 효과 또한 더 복잡하고 광범위하여 해독자에 의해 더 정서적인 연상을 일으킬 수 있기 때문이다.

이러한 예수 이미지가 매체를 통해 중국 각 도시로 퍼지며 전송 여행이 시작되면, 곧 하나 또는 여러 사회 문화 계층이 공유하

---

18 朱執信, 〈耶穌是什麼東西〉, 10쪽.

는 관념과 감정의 도구가 된다. 이렇게 해서 예수는 지극히 비열한 인격으로 자리매김하게 되었다. 이는 신문화운동 시절 지식인 층이 예수의 인격을 보편적으로 존경했던 것과 배치되는 것으로, 1922년에 시작된 반기독교운동에서 〈예수는 어떤 자인가〉의 예수 이미지는 어쩌면 19세기 반기독교운동이 20세기에 재현된 것과 같았다.

19세기 반기독교운동의 재현

우리가 1920년대에 중국의 북경이나 상해에 살면서 혁명파 주집신이 쓴 〈예수는 어떤 자인가〉라는 글을 꼼꼼히 읽어 나간다면 예수가 정말로 표리부동하고, 편협하며, 이기적이고, 화를 잘 내며, 복수하기를 좋아하는 요마라고 결론 내리지 않았을까? 〈예수는 어떤 자인가〉는 1920년대 반기독교운동의 담금질을 거치면서 더욱 철저하게 인격이 훼손된 예수로 변형되었다. 이 비열한 인격의 소유자 예수, 즉 기독교는 사실 19세기 반기독교운동에서의 고발 대상이었다. 아래는 아편전쟁 이후 '남경南京조약' 협상과 프랑스와의 '황포黃埔조약' 협상 담당자였던 청조淸朝의 양광총독兩廣總督 기영耆英이 1844년 12월 도광제道光帝에게 천주교 금지의 해제를 상주하는 내용 중에 나오는 글이다.

천주교를 믿으면서 나쁜 짓을 저지르지 않는 자는 은혜를 베풀어 그 죄를 면해 줄 수 있기를 바랍니다..부녀자를 유인하여 능욕하거나 병든 자의 눈을 빼내는 범죄를 저지른다면 법률에 따라 처리해야 합니다.[19]

이 글 중 부녀자에 대한 간음과 병든 자의 눈을 빼낸다는 얘기가 바로 천주교에 대한 거짓 소문이다. 부녀자에 대한 간음은 남녀가 함께 모여 예배를 드리는 기독교 모임의 특성상 조선의 천주교 박해 시기에도 대두되었던 문제이다. 그런데 병든 자의 눈을 갈취한다는 것은 잘못된 정보임에도 불구하고 19세기 내내 반기독교운동을 자극했던 이른바 가짜뉴스였다.

천주교에서는 특히 보육원을 많이 운영했는데, 선교사들이 '유아들을 유괴한다'는 소문이 많이 퍼져 있던 데다 19세기 보육원의 환경이 좋지 않아 병든 유아의 사망률이 높아 유아들의 시신이 나오게 되자 사람들 사이에 선교사들이 병든 유아들의 눈을 빼내고 심장을 파낸다는 유언비어가 퍼져 있었다. 1868년에 양주揚州에서 일어난 반기독교운동의 주요 원인도 바로 선교사들이 이와 같은 만행을 저지른다는 게첩이 붙어 유언비어가 퍼져 나가자 양주 민중들이 교당을 부수거나 교회 사람들을 폭행했던 것이다.[20]

1870년에 일어난 '천진天津교안'은 당시 프랑스 영사가 사망하

19　中國第一歷史檔案館 · 福建師範大學歷史系 合編,《淸末敎案》第1冊, 北京: 中華書局, 1996, 10쪽.

20　신의식,〈曾國藩의 西敎 인식〉,《교회사연구》18, 2002, 186~187쪽.

는 등 서양 선교사를 포함하여 외국인 20여 명이 사망하고 이에 대한 처분으로 사건에 가담한 중국인 20여 명이 처형되고 사죄사절단이 프랑스로 파견되는 등 외교적으로 크게 비화된 사건이다. 천진교안이 일어난 원인도 천주교에서 운영한 보육원에서의 유아 사망이었다. 천진교안의 도화선은 천주당에서 유아를 납치해 간다는 것 때문이었다. 천주당 성립 후 천주교가 자선사업의 일환으로 보육원을 운영하며 유아들을 수용하였는데, 이것이 비기독교인들 눈에 유아 매매로 보여 그런 소문이 퍼진 것이다. 당시 실제로 유아 유괴사건으로 체포된 사람들이 공술에서 천주당을 끌어들이고 있어 의문이 있다고 천진교안의 사후 책임자인 증국번曾國藩이 보고하고 있다.[21]

그러나 당시 증국번은 나름대로 사건의 실상을 파악하고자 했다. 그의 보고에 의하면, 천주교 보육원인 인자당仁慈堂에 많은 중국인 남녀가 있는데 입교한 지 오래된 사람들이며, 이들이 주도적으로 유아를 유괴한 일은 없었고 죽은 아이의 눈을 파내거나 심장을 해부한다는 사실은 증거가 없다고 했다. 이러한 소문들은 지난날의 호남湖南이나 강서江西, 최근의 양주 등에 전해져 온 격문·게첩 때문이라고 하였다. 또한 유아를 죽여 시신과 장기를 떼어 내 약을 조제하는 것은 아무리 야만스럽고 흉악한 족속도 하지 않는 것인데, 영국과 프랑스 같은 명성 있는 대국이 어찌 이런 잔인한 행동을 하겠느냐며 그런 일은 절대 없을 것이라 했다. 한

---

21 李時岳 외, 《근대 중국의 반기독교운동》, 이은자 옮김, 서울: 고려원, 1992, 40~42쪽.

편으로 증국번은 천주교가 본래 권인위선勸人爲善하는 종교로 강희제康熙帝 시기에 이미 선교가 허락되었는데, 위와 같이 잔인한 행위를 하는 종교라면 어찌 강희제가 허락했겠느냐며 의문을 표시했다. 인자당은 본래 보육과 구제를 목적으로 매년 많은 거금을 들여 운영하는데, 반대로 잔혹한 비방을 받으니 서양인이 분노와 불만이 있는 것이라고 하였다.[22]

증국번은 황제께 "각지에 명령을 내려 교회가 유아의 눈을 파헤치고 심장을 도려낸다는 종전의 격문과 게첩이 잘못된 소문임을 알려야 합니다. 천하에 포고하여 그 사실을 알게 하여 서양인들의 억울함을 풀고 사민士民의 의심을 풀게 해야 합니다"[23]라고 보고하였다. 그러나 이후에 증국번은 향신들의 뭇매를 맞아 고향에서 제적되고, 오랫동안 쌓았던 명망이 바닥으로 떨어져 얼마 되지 않아 우울하여 죽고 말았다.

선교사와 교인의 잔혹한 행위, 부도덕한 성관계, 마술의 사용과 아동의 유괴 등을 주장하며 반기독교 의식을 선동하는《벽사가辟邪歌》 등의 반기독교 문건들이 증국번의 고향 호남湖南을 중심으로 1860년대부터 광범위하게 간행되고 유포되어 반기독교운동을 유발시키는 데 이용되었다. 선교사와 기독교인들의 생활에 대한 사실과 허구를 교묘하게 혼합하여 그들의 성적 문란, 아동 유괴와 잔혹행위 등을 사실로 강조함으로써 반기독교적 행동을 고

---

22 中國第一歷史檔案館 · 福建師範大學歷史系 合編,《清末敎案》第1冊, 809~810쪽.

23 中國第一歷史檔案館 · 福建師範大學歷史系 合編,《清末敎案》第1冊, 811쪽.

취시키려는 이들 문건은 이후의 반기독교운동에 지속적인 영향을 끼쳤다.[24]

이러한 19세기의 반기독교운동은 의화단사건으로 폭발하였고, 신축辛丑조약 체결 이후 청 정부의 강력한 단속으로 맹목적인 반기독교운동은 점차 사라졌다가 1920년대 들어 반제국주의 정치운동의 방식으로 다시 나타났다. 1920년대의 반기독교운동은 세계기독교학생동맹이 1922년 4월에 중국 북경의 청화대학淸華大學에서 개최하기로 한 제11회 대회가 발단이 되어 이를 반대하는 조직이 상해와 북경에 잇따라 성립되면서 발생하였다.[25] 1919년 12월에 발표된 〈예수는 어떤 자인가〉는 1920년대 반기독교운동의 과정을 거치면서 널리 알려져 인기를 끌었는데, 그것은 주집신이 혁명의 선구자이자 이른 시기에 살해되어 열사로서 추앙받고 있던 상황이었기에 그의 예수 비판 글이 권위를 가질 수 있었기 때문이다. 그리고 국공합작 시기 당과 정치단체에서 조직적으로 반기독교운동을 추진하면서 주집신의 글을 적극 활용한 것으로 보인다.

그러나 반기독교가 처음부터 공격적이지는 않았다. 신문화운동 초기인 1910년대 말의 주된 비판 대상은 유가 사상을 중심으로 한 봉건적 전통사상이었지 칼끝이 종교를 향하지는 않았다. 이

24　최희재, 〈1890~1892년 湖南省에서의 反基督教宣傳强化와 그 背景〉, 《史學志》 21, 1987, 434~437쪽.

25　최병욱, 〈1920년대 '非基督教運動'과 중국 공산당〉, 《강원사학》 31, 2018, 90~97쪽.

른바 반종교 사상의 비판적 움직임이 대두되던 때는 영국의 철학자 러셀Bertrand Russell이 1920년 가을부터 1년 동안 북경 등지에서 강연 활동을 하던 시기였다. 당시 러셀은 종교 비판에 대한 일련의 강연을 했는데, 그 주요 기조가 반종교였다. 러셀은 종교의 가장 큰 폐해는 수구守舊에 있으며, 수구하려는 교회의 통제 하에 개인과 사회는 발전할 수 없다는 입장이었다. 이러한 러셀의 강연을 계기로 소년중국학회少年中國學會에서 종교문제에 대한 논의를 시작하였다. 이후 종교, 특히 기독교에 대한 평론이 중국 지식계의 보편적 관심의 중심 문제로 떠오르기 시작했다. 이후 북경의 학회 등에서 종교문제 토론회를 열었다.《신청년新靑年》,《각오覺悟》,《성기평론星期評論》,《민국일보》등 신문·잡지 등도 잇따라 종교의 장단점에 대한 글을 게재하기 시작했다.[26]

초기의 종교 비판은 거의 소규모 학술모임에서 출발했으며, 이 시기의 논의는 대체로 이성적이고 냉정한 학리적 논증이었다. 소년중국학회에서는 종교에 대해 순수한 연구 태도를 취하며, 연구 없는 반대나 긍정을 원하지 않으며 반대와 긍정의 양면적 강연을 원하지 않는다는 점을 명확히 밝혔다.[27] 저명한 기독교 인사 장흠사張欽士는 1917년에서 1921년까지를 '종교 토론의 시대'로 보았다. 그는 이 시기 종교 토론의 글은 과학적 태도를 취하고 있으며

---

26 楊天宏,《基督敎與民國知識分子: 1922年-1927年中國非基督敎運動硏究》, 北京: 人民出版社, 2005, 74~77쪽.

27 楊天宏,《基督敎與民國知識分子: 1922年-1927年中國非基督敎運動硏究》, 77쪽.

극단적 논쟁이 적어 이때를 '국내 근 10년래 종교 사조의 황금시대'라고 평가하였다.[28]

그러나 5·4운동 이후 민족주의가 점차 고조되고, 중국 공산당의 창립으로 인해 정치적 운동이 고조됨에 따라 종교에 대해 학술 토론에서 정치운동으로 바뀌는 경향을 보이기 시작했다. 따라서 반기독교 인사들의 글들이 점점 격렬해지고 편견을 고집하고 감정적 색채를 띠었다. 주집신의 〈예수는 어떤 자인가〉가 그 대표적인 글이라고 할 수 있다. 이 밖에 주집신은 〈청년학생이 경계해야 하는 두 가지 일〉에서 러시아 공산당에서 주장한 '종교는 아편'이라는 글을 인용하여 학생들이 종교에 빠져들어서는 안 된다며 청년학생에게 종교 타파를 호소하였다.[29]

이렇게 하여 1921년을 전후하여 소년중국학회가 발기한 국내 지식계의 종교문제에 대한 토론은 이미 순수 학술 토론의 관점에서 벗어나 정치운동의 궤적을 향해 나아가기 시작했다. 이 시기를 즈음하여 기독교에 대한 태도의 변화를 명확히 알 수 있는 예는 진독수陳獨秀일 것이다. 진독수는 1920년 2월 《신청년》에 발표한 글 〈기독교와 중국인〉에서 희생·겸허·박애 정신이 예수를 상징하는 표징이라고 하며 예수의 숭고하고 위대한 인격에 찬사를 보냈다.[30] 하지만 1922년 3월 22일에 발표한 〈기독교와 기독교

---

28 楊天宏,《基督教與民國知識分子: 1922年-1927年中國非基督教運動研究》, 79쪽.

29 楊天宏,《基督教與民國知識分子: 1922年-1927年中國非基督教運動研究》, 82쪽.

30 陳獨秀,〈基督教與中國人〉, 唐曉峰·王帥 編,《民國時期非基督教運動重要文獻彙編》, 11~18쪽.

회〉에서는 예수의 희생과 박애 정신을 거론하지 않았고, 기독교가 죄악이 너무 많아 사람들이 싸워야 할 대상이라고 주장했다.[31] 이는 1922년 당시의 반기독교운동을 이끈 중국 사회주의청년단을 적극적으로 지지하려는 정치적 운동의 목적에서 나온 글이라고 볼 수 있다.[32]

반기독교운동이 시작되면서 대중들이 필요로 한 것은 학리적인 논증 탐구가 아니라 정치선전에 유리한 텍스트였기 때문에 주집신의 〈예수는 어떤 자인가〉가 가장 적절한 선택이었을 것이다. 이 글의 제목만 보더라도 그것은 이미 대중을 향한 선명한 지시이고, 또한 직접적으로 예수가 어떤 인격의 소유자인지를 내포하고 있다. 〈예수는 어떤 자인가〉에서 개념화된 예수의 인격은 하나의 이데올로기적 의미만을 담고 있으며, 서로 다른 시기의 이데올로기적 수요에 따라 새로운 예수에 대한 신화 제조자는 이를 전환할 수 있다. 예를 들어, 1924년 전의 반기독교 언론은 예수를 기본적으로 무산계급을 해치는 자본가로 묘사했다. 그러다가 국공합작 이후, 특히 1925년의 5·30운동 시기를 거치면서 군벌과 제국주의가 적으로 간주되자 '자본가 예수'가 '제국주의 앞잡이 예수'로 변신했다. 북경의 학생시위 구호에 '기독교 타도' 구호가 나왔고, 광주廣州에서는 '제국주의의 앞잡이 기독교 반대' 선

---

31 陳獨秀, 〈基督教與基督教會〉, 唐曉峰·王帥 編, 《民國時期非基督教運動重要文獻彙編》, 19~21쪽.

32 최병욱, 〈1920년대 중국의 '非基督教運動' 재평가〉, 《강원사학》 33, 2019, 84쪽.

전물이 넘쳐났다. 장사長沙에서는 반기독교 인사들이 교회 건물에 포스터와 전단을 붙여 제국주의의 총탄에 의한 침략은 무섭지 않고 무서운 것은 기독교의 '문화 침략'이라고 지적했는데, 이는 인자한 박애를 가면으로 했기 때문이라고 하였다. 이것이 바로 주집신이 말하는 '표리부동', '편협', '이기적', '화를 잘 내는', '복수를 좋아하는' 우상의 모습을 지닌 예수라고 볼 수 있다.[33]

이제 기독교가 자본주의와 제국주의의 상징이나 예증으로 읽히는 것이 아니라, 그 자리에서 바로 자본주의·제국주의가 나타난다. 기독교라는 키워드보다 연관어로서의 자본주의와 제국주의가 더 강조되는 것이다. 연관어가 가지는 잠재적 의미는 더 효과가 크고 복잡하며 그것을 해석하는 사람들에 의해 더 정서적 연상을 일으킬 수 있다. 〈예수는 어떤 자인가〉에서 예컨대 '사생아', '생식기' 같은 말이 예수 하면 떠오르는 연관어가 된 것과 같다. 물론 주집신이 코토쿠의 '십자가 성기 변형설'을 인정하지 않았지만, 1920년대 이후 반기독교적 언론에서는 기독교와 성 숭배를 자주 거론했다. 반기독교 진영에서는 많은 사람들이 '십자가를 생식기 기호의 변형으로 단정하는' 광고를 들고 나와 사람들을 놀라게 했다.[34]

그리고 기독교가 '산 사람을 해부한다'는 19세기의 소문은 사라지지 않고 1930년에 다시 등장하였다. 1930년에 국민당 선전

33 　褚瀟白, 〈關于《耶穌是什麽東西》的現代意識形態神話〉, 75~76쪽.
34 　李長銀, 〈幸德秋水《基督抹殺論》在近代中國的傳播和影響〉, 222쪽.

초연결사회에서 1920년대 중국의 반기독교운동을 보다 |

부에 의해 다시 간행된 〈예수는 어떤 자인가〉의 머리말에 '산 사람을 해부한다'는 글이 나왔다. 그해 기독교도 지식인 장역경張亦鏡은 19세기 중엽에 이미 이 사실이 무고였음이 밝혀졌는데, 20세기에 들어 가장 선진적인 국민당에서, 또한 가장 문명적이고 지식인이 많은 중화민국 국민정부가 소재한 강소성江蘇省 당무정리위원회 선전부에서 선동적인 가짜뉴스를 전하고 있는 것에 분개했다.[35] 이런 면에서 볼 때 19세기 청나라의 수구적 관료·신사나 신문화운동을 경험한 20세기의 지식인이나, 정치 운용적인 측면에서 선전 텍스트를 실어 나른다는 점에서는 실질적으로 양자가 구별되지 않는다.

공존의 가능성

1920년대의 반기독교운동이 기독교에 대한 혐오와 분노의 극단적 감정을 드러냈던 19세기의 반기독교운동보다 이성적 비판의 성격을 지녔던 것은 틀림없는 사실이다. 주집신의 〈예수는 어떤 자인가〉는 19세기 반기독교운동 시기에 일부 수구적 관료와 신사들이 선교사와 교인들의 잔혹한 행위, 부도덕한 성관계, 아동 유괴 등을 사실로 강조하며 반기독교 행동을 선동했던 문건과는 분명히 다르다. 그러나 1920년대 반기독교운동의 담금질을 거치

35　褚瀟白, 〈關于《耶穌是什麽東西》的現代意識形態神話〉, 77쪽.

면서 주집신의 글에서 몇 개의 단어로 개념화된 예수의 이미지가 신문·잡지 등 전국적 네트워크를 통해 급속히 전파되면서 중국 사회에서 기독교에 대한 이질성을 더욱 강화시켰다.

　동서양의 긴 역사 속에서 이질성은 언제나 함께 존재해 왔지만, 어느 한 대상이 다른 대상을 혐오의 대상으로 공격할 때 공존은 어렵고 관용은 사라진다. 19~20세기 중국의 상황에서 볼 때, 불평등조약의 보호 아래 있었던 기독교가 바라본 중국과 중국인이 바라본 기독교는 서로 이질적 대상이었다. 기독교는 이전과 달리 중국 사회에서 새로운 종교권력으로 나타났고, 중국 사회는 이질적 기독교를 포용의 대상이 아니라 혐오의 이미지로 만들어 배척의 대상으로 만들었다. 이러한 문제는 현재의 초연결사회에서 서로 다른 인종·종교·성별·이념·세대 등의 이질성에 대한 혐오·편견이 잘못된 이미지와 가짜뉴스로 만들어져 급속히 확산되고, 다시 이것이 필요 혹은 의도에 따라 정치적으로 이용되는 것과 비슷하다.

　그러나 1920년대는 의화단사건이 발생했던 1900년과도 분명히 다른 시대였다. 물론 1920년대의 반기독교운동에도 19세기와 같은 반양교적反洋敎的 사유 형태와 단어가 종종 출현했으며 정치운동으로 변질된 측면도 있지만, 이때는 이전 시대와 달리 과학과 이성의 문화운동으로 반기독교운동이 시작된 시대였다. 그러한 점에서 과격하고 극단적인 반기독교운동에 대해 일부 지식인들이 비판하게 되었고, 기독교인들이 반기독교에 대한 반박과 자신들의 주장을 펼 수 있었다.[36] 물론 이들의 비판과 주장들이 1920년대 민족주의운동의 파고 속에서 묻힌 경우가 많았지만, 19세기의 반기독교운동과 다른 점은 이질적인 기독교와 중국 사회가 공존할 수 있는 모색이 나왔다는 것이다. 그것은 기독교를 제대로 바라보고자 한 중국 지식인들의 노력, 기독교에 서린 제국주의 그림자의 모습을 지우고 진정한 중국 종교로 정착시키고자 한 기독교인들의 움직임이라고 할 수 있을 것이다. 이러한 모습은 현재 사회에서 이질성과의 공존 문제에 대한 해법의 하나가 될 수 있을 것이다.

---

36 최병욱, 〈1920년대 중국의 '非基督敎運動' 재평가〉, 79~90쪽.

참고문헌

대한성서공회,《공동번역 성서》, 서울: 대한성서공회, 2017.

李時岳·丁名楠·里井彦七郎,《근대 중국의 반기독교운동》, 이은자 옮김, 서울: 고려원, 1992.

唐曉峰·王帥 編,《民國時期非基督敎運動重要文獻彙編》, 北京: 社會科學文獻出版社, 2015.

楊天宏,《基督敎與民國知識分子: 1922年~1927年中國非基督敎運動硏究》, 北京: 人民出版社, 2005.

中國第一歷史檔案館·福建師範大學歷史系 合編,《淸末敎案》第1冊, 北京: 中華書局, 1996.

김민형·김현주,〈사물인터넷과 초연결사회 : 개념적 토대 및 기술인문학의 가능성〉,《영상문화》27, 2015.

신의식,〈曾國藩의 西敎 인식〉,《교회사연구》18, 2002.

윤성옥,〈가짜뉴스의 개념과 범위에 관한 논의〉,《언론과 법》17(1), 2018.

윤일·남송우·손동주·서은선,〈고토쿠 슈스이의《基督抹殺論》비판〉,《日本語文學》41, 2008.

최병욱,〈1920년대 '非基督敎運動'과 중국 공산당〉,《강원사학》31, 2018.

최병욱,〈1920년대 중국의 '非基督敎運動' 재평가〉,《강원사학》33, 2019.

최희재,〈1890~1892년 湖南省에서의 反基督敎宣傳强化와 그 背景〉,《史學志》21, 1987.

宋凌遷,〈朱執信報刊宣傳活動及思想論略〉,《襄樊職業技術學院學報》4(2), 2005.

李長銀,〈幸德秋水《基督抹殺論》在近代中國的傳播和影響〉,《中南大學學報》, 22(1), 2016

褚瀟白,〈關于《耶穌是什麼東西》的現代意識形態神話〉,《華東師範大學學報》3, 2019.

陳跃·胡紀珍,〈朱執信群衆觀初探〉,《江西科技大學學報》6(4), 2006.

초연결시대 이질성 문화 양상

2021년 5월 31일 초판 1쇄 발행

지은이 | 남의현 · 노철환 · 이재준 · 정성미 · 최병욱
펴낸이 | 노경인 · 김주영

펴낸곳 | 도서출판 앨피
출판등록 | 2004년 11월 23일 제2011-000087호
주소 | 우)07275 서울시 영등포구 영등포로 5길 19(37-1 동아프라임밸리) 1202-1호
전화 | 02-336-2776 팩스 | 0505-115-0525
전자우편 | lpbook12@naver.com

ISBN 979-11-90901-34-5 93300